BLOCUS DE PARIS

OPÉRATIONS MILITAIRES
De la 2ᵉ Armée

ET MARCHES

DE L'ESCADRON FRANCHETTI

DOCUMENTS OFFICIELS

PUBLIÉS PAR

EDGAR RODRIGUES

PARIS
E. DENTU, ÉDITEUR
Palais-Royal. — Galerie d'Orléans, 17 et 19

1872

Tous droits réservés.

bonnes fortunes et s'en vantent; ils ont été si séduisants, et avec leur argent si persuasifs! Qu'importe le nombre des victimes, la loi ne dit-elle pas :

La recherche de la paternité est interdite.

Voilà deux coupables. Le plus faible, le plus pauvre ne peut échapper à la responsabilité, car dame nature a pour la femme un code de lois inflexible; l'autre, le plus fort, le plus coupable, vous le protégez, vous le dispensez du devoir, il peut impunément semer autour de lui, tant qu'il lui plaira, la honte, le malheur et le désespoir.

Et vous croyez que c'est bien? que c'est juste?

Je vous dis que c'est la plus grande iniquité qui se puisse voir sous le soleil.

Cette iniquité c'est, je le répète : l'abandon de la femme, la permission et l'encouragement du vice.

Effacez-là de vos lois et écrivez à la place ce dogme :

Responsabilité de la paternité.

III

Je vous le demande :

Au nom de la justice,

Au nom de la générosité, au nom de votre intérêt.

Parce qu'il faut que tous soient également responsables de leurs actes. Quand il y a deux coupables, il n'est pas juste qu'un seul soit puni.

Au nom de la générosité,

Car vous êtes les plus forts, c'est vous qui faites les

BLOCUS DE PARIS

BLOCUS DE PARIS

Opérations militaires de la
2ᵉ Armée de Paris

ET MARCHES DE

L'ESCADRON FRANCHETTI

PUBLIÉ PAR

EDGAR RODRIGUES

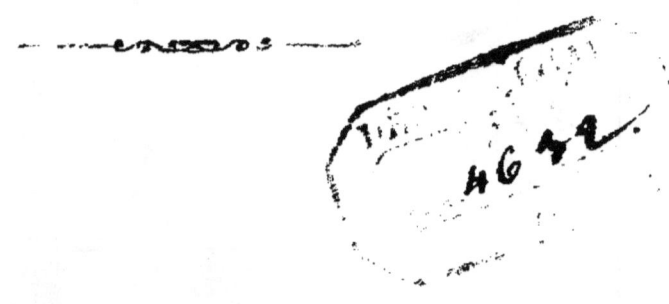

PARIS
E. DENTU, EDITEUR
Palais-Royal. — Galerie d'Orléans, 17 et 19
—
1872

Tous droits réservés.

AVANT-PROPOS

Quand nos désastres successifs eurent amené l'étranger aux portes de Paris, nous faisions partie de l'escadron des *Éclaireurs à cheval de la Seine*, corps de volontaires, qui fut adjoint à l'état-major général. Notre regretté commandant et ami Léon Franchetti nous avait spécialement chargé de noter, au jour le jour, les marches et opérations militaires du 2ᵉ corps d'armée, dans lequel nous venions d'être incorporés.

C'est ce journal, impression du moment, que nous publions aujourd'hui. Le glorieux souvenir de Franchetti y est vivant à chaque page. Ses idées sur la nouvelle organisation des armées en campagne, son projet de formation de *Guides-volontaires*, ses rapports et ses notes sont les principaux documents de ce recueil, auxquels nous avons pu joindre nombre de pièces officielles inédites.

Puisse le lecteur, en les parcourant, se rendre

compte des incessants labeurs et de l'admirable prévoyance de notre intrépide général en chef, le véritable héros du siége de Paris...

Tandis que la province, impuissante à secourir sa capitale, nous accusait de l'attendre l'arme au pied, en mangeant notre pain et en brûlant notre poudre aux moineaux, on pourra suivre, dans ce journal, les constants efforts tentés, cinq mois durant, par la 2ᵉ armée de Paris, — l'armée de sortie, à laquelle il n'a manqué que l'auréole du succès !

E. R.

N. B. — Ce volume fait suite au CASQUE PRUSSIEN, *souvenirs anecdotiques de la guerre 1870-1871*, — du 20 juillet au 19 septembre.

BLOCUS DE PARIS

CHAPITRE PREMIER

Après Chatillon. — La presqu'île de Gennevilliers. — Le général Ducrot. — Le commandant Franchetti.

Le vingt septembre est une date que les Parisiens n'oublieront pas. En dépit des affirmations du génie militaire et des calculs des journalistes qui prétendaient que trois millions de soldats suffiraient à peine pour cerner Paris, la grande ville était bel et bien bloquée ; un invisible cordon de baïonnettes emprisonnait « le cerveau du monde ».

Dès le lendemain de la bataille de Chatillon, l'ennemi avait intercepté toutes les routes, canaux, chemins de fer et communications possibles.

Les avant-postes bavarois campaient à Meudon, au parc de Saint-Cloud, à la Porte-Jaune, à la Malmaison ; un pont de bateaux reliait déjà Marly à l'île de Croissy, et les Wurtembergeois avec les Saxons, brûlaient les pianos de Chatou.

Houilles servait de point d'observation : les vedettes prussiennes, couchées sur le talus qui précède le pont des Anglais, suivaient tous les mouvements de la garnison du Mont-Valérien.

Bezons, Argenteuil, les moulins de Sannois, la butte Pinson, le Bourget, Raincy, Bondy, Montfermeil, Chelles, Cœuilly, Choisy-le-Roy, Arcueil, Bagneux, Sceaux, Chatillon et Clamart — tels étaient les divers centres de ralliement des trois corps d'armée dont le grand quartier général s'installait à Versailles.

Quelques courriers partis à pied purent encore se glisser à travers les lignes ennemies. Sur *trente-huit* un seul, le facteur Frare, arriva sain et sauf à Saint-Germain, d'où il expédia, le 20 septembre, les lettres de Paris. Au retour, ce malheureux fut arrêté comme espion et fusillé à Chatou !

Les 13ᵉ et 14ᵉ corps, sous les ordres supérieurs du général Ducrot, s'étaient reformés, après la bataille de Chatillon, entre les forts et les quartiers du Sud-Ouest de Paris.

Le général Ducrot ordonne la concentration de ses trois divisions commandées par les généraux Renault, d'Hugues, de Caussade et de Maud'huy entre les villages de Clichy-la-Garenne, Saint-Ouen, Neuilly et le bois de Boulogne.

Quartier général au restaurant Gillet, à la porte Maillot.

La panique causée dans tout Paris par les fuyards de Chatillon gagne le gouvernement ; craignant une attaque de l'ennemi, on veut faire sauter les ponts de Neuilly et du chemin de fer d'Asnières.

Le général Ducrot s'y oppose et, afin de rassurer les membres de la défense, il se dirige avec tout son état-major vers Courbevoie.

L'escadron des volontaires à cheval, incorporé dans le 14ᵉ corps, éclaire la reconnaissance faite par le général.

Au retour, le commandant Franchetti reçoit l'ordre suivant :

ORDRE

L'escadron Franchetti fournira chaque matin un peloton qui prendra les ordres du général Ducrot à la porte Maillot et opérera une reconnaissance sur les points qui lui seront désignés en avant des grand'gardes de l'armée.

P. O. Le général, chef d'état-major général,

APPERT.

*
* *

Les éclaireurs Franchetti ont reçu, des généraux qui les ont commandés pendant la dernière guerre, des témoignages si honorables qu'il est inutile de faire ici leur éloge. L'escadron de ces volontaires parisiens, organisé avec le plus grand soin, composé de jeunes gens bien élevés, élégants, énergiques, auxquels s'étaient joints d'anciens sous-officiers de l'armée, put constamment tenir au courant l'état-major général des moindres mouvements de l'ennemi.

*
* *

Guidée par le capitaine de Louvencourt, officier d'ordonnance du général Ducrot, la première reconnaissance des éclaireurs du quartier général fut dirigée sur Colombes et les bords de la Seine.

Le général Trochu et son aide de camp, le capitaine Bibesco, nous attendaient avec *anxiété* au rond-point de Courbevoie. On fut très surpris du bref rapport de Franchetti :

« D'Argenteuil à Nanterre je n'ai pas vu trace d'ennemis. »

21 SEPTEMBRE

Dès six heures du matin, le 19ᵉ de marche va prendre position au rond-point de Courbevoie : un bataillon dans les maisons crénelées du rond-point, sur la levée du chemin de fer, entre la route de Pontoise et celle de Colombes et les premières maisons ayant vue sur Asnières, le 5ᵉ bataillon en réserve sur la rive droite de la Seine à Neuilly. Des vedettes de gendarmes sont postées, carabine au poing, près du rond-point des Bergères.

Les troupes ont l'ordre de se tenir prêtes à prendre les armes au premier signal. Une section d'artillerie attelée est en position derrière les barricades organisées avec promptitude par les soins du commandant Cholleton.

L'escadron Franchetti vient, à dix heures, se mettre aux ordres du général, qui invite le commandant à prendre place à sa table. Pendant le frugal déjeuner, on décide une reconnaissance vers Rueil, que les paysans disent occupé par les Saxons.

Trois pelotons d'éclaireurs, commandés par Franchetti et une escorte de douze gendarmes, doivent éclairer le général et son état-major.

Nommons, dans l'ordre de leur grade, ces brillants officiers, précédés du général en chef :

Le général Appert, chef d'état-major ;
Le colonel Warney, sous-chef d'état-major ;
Le colonel Maillart, d'artillerie ;
Le commandant Bossan, d'état-major ;
Le capitaine de Neverlée, dragon (tué à Champigny) ;
Le capitaine Pavrot, dragon (succéda à Franchetti) ;

Le capitaine de Berthier, dragon (blessé à Champigny);
Le capitaine de Chabannes, état-major;
Le capitaine de Montbrison, dragon (tué à Buzenval);
Le capitaine de Gaston, mobile;
Le capitaine de Louvencourt, mobile;
Le lieutenant de Beaulieu, mobile;
Le maréchal-de-logis Roth, porte-fanion;
Le docteur Sarrazin, aide-major.

Tandis que le général Ducrot se rend au Mont-Valérien, le commandant Franchetti nous disperse en fourrageurs dans toute la presqu'île de Gennevilliers; un détachement des éclaireurs, composé de Crémieux, brigadier, Rodrigues, Guérin, Soup, Delahaut et du trompette Duval (1) est chargé d'aller reconnaître les positions de l'ennemi à Rueil.

Grande joie des habitants à notre arrivée; ils nous offrent du vin et des fruits; nous leur demandons des renseignements. A la mairie, transformée en ambulance, le commissaire de police nous déclare que, sauf une petite patrouille prussienne et une réquisition de viande opérée le matin chez un boucher, l'ennemi n'a pas dépassé la Malmaison, la Jonchères et les bois de Garches.

Voulant vérifier *de visû* ces renseignements, nous montons la route de Versailles, entre le parc de Bois-Préau et le coteau, et nous poussons jusqu'à la maison Crochard, sans apercevoir autre chose que deux ou trois baïonnettes brillantes comme des miroirs... au pied de la Jonchères.

Après une reconnaissance prolongée, l'escadron, rallié à l'entrée du Mont-Valérien, est passé en revue par le général Ducrot, qui avait suivi nos évolutions avec les longues-vues du fort.

(1) Ce malheureux est actuellement sur les pontons en qualité de capitaine de fédérés!

—A gauche en bataille! commande Franchetti.
Le général s'arrête devant notre ligne :

—*Soldats*, nous dit-il de sa voix mâle, *je viens, du haut du Mont-Valérien, de vous voir à l'œuvre et je reprends bon espoir... Si tous, en France, font leur devoir comme vous, bientôt reviendront des jours meilleurs. Je vous félicite de la bonne tenue de votre troupe, commandant Franchetti!...*

— *Vive le général!* crie l'escadron comme un seul homme.

Au retour, Franchetti rayonnant de joie... leva toutes les punitions.

Son escadron s'était réuni pour la première fois le 30 AOUT.

Voici le procès-verbal envoyé au ministre de la guerre :

« ..... Les volontaires à cheval de la Seine se sont réunis ce matin, à neuf heures, derrière le palais de l'Industrie.

Etaient présents et à cheval :

« Franchetti, G.-B. Champy, Joly de Marval, Le Fez, Le Teinturier, Frachon, Pilté, E. Rodrigues, Pellerin, Simonne, Crémieux, Phélippini, Debost, Lasseron, Taconnet, d'Erseville, Lacombe, Susini, Schœpp.

Les vingt premiers éclaireurs ci-dessus nommés, se sont rendus à cheval au quartier provisoirement installé rue Marbeuf. On a procédé à l'admission de plusieurs cavaliers et à la nomination des officiers *à l'élection*.

. . . .

Un mot sur nos débuts militaires. Ils datent du 16 septembre, lors de notre combat de Pompadour—si l'on peut donner le nom de combat à une charge *en bataille dans un champ de betteraves*, contre des hussards bleus qui, après avoir sabré au galop notre avant-garde imprudemment avancée, se repliaient en hâte vers leur troupe de soutien, du côté de Montmesly.

Enfin, selon l'expression consacrée, nous avions reçu le baptême du feu et dans notre retraite, opérée en bon ordre, nous avions montré certain sang-froid.

Notre rentrée à Paris fut réellement triomphale.

« Toute la gloriole militaire est dans le retour, » me disait mon voisin le comte de Kergariou.

Kergariou avait tenu à revenir à cheval, malgré le coup de sabre qui lui avait ensanglanté la joue.

En effet, dès le faubourg Saint-Antoine, les gamins nous firent cortège, en acclamant nos blessés, ramenés en tête de l'escadron, dans une charrette requise à Alfort...

Place de la Bastille on cria :

— Vivent les éclaireurs!

Sur les boulevards on fit la haie, en applaudissant notre rentrée et, vis-à-vis le passage de l'Opéra, un garde national, se détachant des groupes, s'approcha de Kergariou et lui offrit *un gros bouquet*.

— Prenez ces fleurs, lui dit-il, j'avais conservé ce bouquet pour l'*offrir à un brave*.

Kergariou sanglant, ne put refuser cet hommage et il rentra au quartier, tenant d'une main son sabre nu, de l'autre son bouquet enveloppé dans un journal !

Notre quartier était en face le pont de l'Alma, aux anciennes écuries de l'ex-empereur.

Le commandant Franchetti, en arrivant à notre casernement, nous fit une chaleureuse allocution, et nous félicita de notre bonne tenue en face de l'ennemi que nous avions *enfin* rencontré.

Il mit à l'ordre du jour un d'entre nous en ces termes :

« Le commandant met à l'ordre du jour de l'escadron un cavalier du corps qui a, par son courage et sa présence d'esprit, dégagé deux de ses camarades qui allaient tomber au pouvoir de l'ennemi. La modestie de ce brave éclaireur est telle qu'il prie le commandant de ne pas le nommer. »

Un ordre, affiché au quartier, indique le soin avec lequel Franchetti s'occupait de son escadron :

ORDRE

Le commandant recommande, quand on se trouve en présence de l'ennemi, le plus grand ordre dans les rangs et le plus grand silence. Il est essentiel, pour le salut de la troupe, que chaque cavalier (1) conserve bien son numéro et sa place de bataille.

Le brigadier de Kergariou est nommé maréchal des logis.

Le cavalier Couteau, brigadier. Ce cavalier a fait acte de grand courage en mettant pied à terre devant l'ennemi et en offrant son cheval à un de nos blessés. Le major Leroy d'Etiolles a

---

(1) Nous croyons devoir donner le nom et la place de la bataille des éclaireurs à l'affaire Pompadour (ces noms sont inscrits sur le carnet du commandant, dans l'ordre suivant).

Avant-garde :
Joly de Marval, de Kergariou, de Bedée, Matère et deux chasseurs d'Afrique : Chady et Shumaker.

Dix éclaireurs du premier peloton chargeant avec le commandant :
Taconnet, Crémieux, E. Debost, E. Rodrigues, Paillard, Couteau, Pilté Robert, Guérin, Soup.

Second peloton de soutien :
Comte de Labarthe, Busini, Benoît Champy, Simone, de Reekman, de Mayrena, Cavaillon, de Matignon, de Marsey, Philippini, Champlouvier, Clémence, Delahaut, Sarrau, Sirot, Robert, Carriès, Paret, Lavril, Grimont, Bobe, Cottrel, Soupplet, Sibut, Estéve, Champeau, Dupré, Flamand, d'Arbaud, Lefebvre, Le Fas, Tournier, Leroy d'Etiole... les autres noms sont illisibles. L'effectif de l'escadron était de 65 cavaliers ce jour-là.

également mis pied à terre pour donner les premiers soins à nos blessés.

※

..... Le lendemain du combat de Pompadour, l'effectif de l'escadron, par suite de l'affluence des engagés volontaires, fut porté à 78 cavaliers montés.

Un type que le commandant Franchetti.

Il était beau comme un héros de roman, d'une nature fine, distinguée, l'œil oriental mais un peu dur, il avait le profil italien, la physionomie ouverte, loyale, sous ses noirs sourcils, un regard fatal et profond.

Elancé comme Monte-Cristo, cavalier comme Schamyl, il était superbe à cheval.

Son organe, un peu sec d'habitude, devenait métallique et entraînant au feu. Bref comme un coup de sabre, il savait commander et se faire obéir. Ses allocutions, entremêlées de jurons familiers, exerçaient un réel prestige sur sa troupe qui *ne broncha jamais* et exécuta des reconnaissances inouïes de témérité.

Il nous aurait menés au bout du monde. Hélas ! le bout du monde était alors pour nous : — Bougival ou Bondy !

Malgré sa qualité de franc-maçon, Franchetti ne se croyait pas hérétique; et, chaque fois qu'il nous envoyait en périlleuse mission : — Recommandez votre âme à Dieu, ne manquait-il jamais de nous dire.

Au retour de l'affaire de Pompadour, après l'allocution dont j'ai parlé plus haut, Franchetti vint prendre un peu de repos chez moi où il habitait depuis quinze jours. Tombant épuisé sur le lit, il fondit en larmes :

« Je suis navré ! me dit-il.... Ce n'est certes pas le danger que nous venons de courir qui m'énerve à ce point, non, mais voir l'ennemi sous Paris et la France impassible! cela me tourne le cœur ! Croiriez-vous qu'ici ils ont arrêté le maréchal Vaillant, et que, sans Garnier-Pagès, on le fusillait, — non comme espion, mais comme ami de l'Empereur... Qu'est-ce que ça nous fait la politique? quand nos maisons vont brûler, quand notre vie est en péril... Tas d'imbéciles ces Parisiens ! »

Après avoir donné ainsi un épanchement à sa rage patriotique :

— Si je retournais au quartier, me dit-il, je suis sûr que je pincerais quelque paresseux...

Et il revint surveiller les gardes de nuit afin d'éviter, disait-il, que les chevaux, *désellés avant d'être secs*, ne fussent tous blessés par leur selle qu'ils avaient supportée dix-neuf heures.

Il veillait à tout, depuis le harnachement des chevaux jusqu'à l'équipement des cavaliers.

Il punit un jour de la salle de police un éclaireur n'ayant pas de *boutons de rechange* dans sa trousse, ni d'aiguilles pour raccommoder son pantalon.

— Appelez-moi bouton de guêtre, disait-il en riant... mais souvenez vous bien *qu'il faut toujours exiger des hommes plus qu'ils ne peuvent faire, afin d'avoir tout ce qu'ils peuvent faire...*

Tels étaient ses principes militaires.

Le général Ducrot lui rendit justice, en le félicitant d'avoir formé une troupe *si solide* ; il le décora de la croix d'honneur au début du siège.

Un dernier trait peindra, mieux que tout, le caractère de notre héros.

Quand (toujours à Pompadour) il nous donna l'ordre: *Sabre en main*, un des éclaireurs dont le cheval était excité par les coups de feu et le cliquetis des armes, vint malgré lui se placer aux côtés du commandant qui, furibond, s'écria :

— Tonnerre de dious ! gare au maladroit qui

me dépasse ! C'est moi qui veux donner le premier coup de sabre !... Entendez-vous !

C'est avec grand'peine que notre camarade pût retenir son cheval de pur sang et rester dans le rang au galop de charge.

Le soir venu, Franchetti, lui tendant la main :
— Vous n'avez jamais été soldat, fit-il : je l'ai vu ce matin, il m'a fallu rabattre votre ardeur ; excusez le chef qui craignait pour l'ami.

. . . .

Singulière coïncidence !

Le général baron Renault, qui devait mourir le même jour que Franchetti, s'installe 50, avenue de Neuilly, et, au retour de notre première reconnaissance, nous le rencontrons au moment où il vient occuper un pensionnat inhabité.

Son état-major était composé :
Du général Ferry-Pisani ;
Du capitaine Bourcart ;
Du capitaine Massin ;
Du lieutenant Steiner ;
Du capitaine Delamarre ;
Du porte-fanion, le baron de Kirghener.

22 SEPTEMBRE

Les troupes consolident partout leurs retranchements : un convoi de quatorze voitures, escorté par des gendarmes, va chercher des chassepots au Mont-Valérien.

La statue du *Petit-Caporal* est descendue de son piédestal au rond-point de Courbevoie.

Ces bons gardes nationaux de garde aux remparts tirent de temps à autre des coups de fusil sur de prétendus uhlans... qui sont des éclaireurs ou des lanciers !

23 SEPTEMBRE

Reconnaissances de l'escadron de gendarmerie et de l'escadron Franchetti dans la presqu'île de

Gennevilliers. — Coups de fusils échangés à Bezons et à Argenteuil.

Des ouvrages définitifs sont commencés dans l'île de Puteaux ; on y établit une batterie flottante. Au rond-point Mortemart, au bois de Boulogne, on arme la batterie de deux grosses pièces de marine de 30.

On rectifie et améliore tous les travaux.

24 SEPTEMBRE

En galopant dans les champs, le commandant Franchetti remarque une quantité de choux, de carottes et de salades qu'il signale dans un rapport, en demandant à organiser des corvées de légumes, d'autant que sous forme de maraudeurs les Prussiens déguisés en paysans parcourent la plaine et éclairent l'ennemi...

25, 26, 27, 28 SEPTEMBRE

Les reconnaissances ne signalent aucun fait digne d'être noté, sauf un violent incendie entre Enghien et Montmorency (1).

---

(1) Il paraît qu'à l'arrivée de l'ennemi, il y eut une telle panique à Enghien que les habitants mirent follement le feu à un chantier considérable. Aussi, les officiers prussiens, dès l'occupation d'Enghien, réquisitionnèrent tout le bois des particuliers !

Partout, dans les villages voisins de Paris, cette terreur était excessive.

Les maires et les conseils municipaux, laissés sans instructions, perdaient absolument la tête.

A Saint-Germain-en-Laye, quand les uhlans furent signalés, l'autorité fit abattre les plus gros arbres et en fit joncher les routes.

Quel fut le résultat de ces déprédations ?

Le chef de la colonne prussienne fit signifier au maire de Saint-Germain d'avoir à *déblayer les routes dans un délai de quarante-huit heures, sous peine d'un bombardement.*

Et il fallut obéir !

29 SEPTEMBRE

Le gouvernement correspondait encore avec la province au moyen d'un fil électrique immergé au fond de la Seine, mais un habitant de Bougival, nommé Danet, vendit ce secret à l'ennemi, qui intercepta dès lors toute communication !

Le commandant se rend à Rueil avec moi. Il apprend, du régisseur du château de Bois-Préau, situé à l'extrémité du village, que l'ennemi occupe en force la Malmaison et le rond-point des Guides (1).

Un jeune paysan, envoyé par nous en observation, est fait prisonnier ; mais on le relâche bientôt, car il est muni de papiers indiquant que son domicile est à Rueil.

Le commandant est invité à remettre lui-même son rapport au Gouverneur de Paris, qui le retient au Louvre jusque après minuit.

Le conseil de guerre décide une reconnaissance offensive pour le lendemain.

30 SEPTEMBRE

A deux heures du matin, mouvement en avant d'une partie des troupes qui occupent l'avenue de Neuilly, au rond-point de Courbevoie. La reconnaissance offensive, dirigée par le général Martenot, suit la route de Nanterre, du rond-point des Bergères à Rueil, vers le château de Bois-Préau. La colonne Cholleton (19ᵉ de marche) se dirige par les vignes vers le haut de la Malmaison, pour y pénétrer par les murs pétardés ; mais l'ennemi a quitté cette position, et, sur l'ordre du général, le mouvement en avant est arrêté.

(1) M. Pigny, régisseur de Bois-Préau, nous donna toujours d'utiles renseignements, malgré le danger qu'il courait d'être dénoncé par les espions ennemis très nombreux à Rueil.

L'escadron Franchetti couvre la retraite que l'ennemi n'inquiète pas.

Vers midi, le second peloton de l'escadron Franchetti va observer la ferme de Fouilleuse, située à 300 mètres de Garches, et où les Bavarois n'ont pas encore pénétré.

Pendant que ses éclaireurs s'avancent jusqu'à Buzenval, le commandant met pied à terre et se dirige vers la redoute de Montretout. Au retour, il envoie au général Noël cette note écrite au crayon :

Au général Noël, commandant le Mont-Valérien.

30 septembre, 4 heures après-midi.

« J'ai pénétré à pied, seul, dans le fort de Montretout. Il n'y a personne. Il y a un petit poste tout près, mais peu nombreux. »

FRANCHETTI.

L'ennemi, surpris de tant d'audace, n'osa faire feu sur ce héros.

CHAPITRE II

OCTOBRE

Strasbourg! Toul! Metz! — La Malmaison. — Les corps-francs. — Première Tentative de Commune.

1ᵉʳ OCTOBRE

Reconnaissances sans résultat. Corvée de légumes en avant de Nanterre.

Le général américain Burnside, avec un colonel de la même nation, passe à nos avant-postes pour rentrer dans Paris, *venant du quartier général du roi de Prusse.*

Pendant que le premier peloton des éclaireurs Franchetti protége une corvée de pommes de terre faite non loin du pont aux Anglais, nous allons à Rueil avec le commandant. Nous laissons nos chevaux à la mairie et nous gagnons le château de Bois-Préau, qui appartient à un de nos parents.

Le régisseur nous apprend que les Prussiens ont avancé leurs vedettes et que les sentinelles ennemies sont au tournant de la route et contre le potager du parc.

A la mairie, le commissaire de police nous annonce que, la veille, les francs-tireurs des Ternes ont engagé, sur la route de Rueil à Bougival, une fusillade avec les Bavarois et qu'un des ennemis a été ramené blessé à l'ambulance.

C'est un Saxon; il nous apprend, dans son

jargon, la prise de Strasbourg et la reddition de Toul ! ! !

Franchetti, furieux de désespoir, me dit : « Ces animaux sont trop près de nous pour que je ne m'en offre un. »

Il se glisse avec moi le long du mur de Bois-préau et fait feu de sa carabine sur un casque pointu qu'il étend à terre avec celui dont il couvrait la tête. Après ce coup de feu qui soulagea l'irritation nerveuse du commandant, nous rejoignons l'escadron.

Le soir, sous prétexte de venger leur camarade, les Prussiens occupent la **maison Crochard** (1) et dévalisent la boucherie qui est située place de l'Eglise.

Non contents de cet exploit, ils viennent à la nuit tombante se ranger devant la grille de Bois-Préau, près de la fontaine Thérèse, et font un feu de peloton sur le château !

Le commandant reçoit du Gouverneur l'ordre suivant, qu'il avait sollicité :

14ᵉ CORPS   2 octobre 1870.
État-major général.

« MM. les Maires des communes avoisinant Paris, rentrés dans l'enceinte, et messieurs les gardes nationaux de la banlieue sont invités à fournir à M. le commandant Franchetti des éclaireurs à cheval, tous les renseignements dont il a besoin pour faire son service, et à mettre à sa disposition tous les hommes qui connaissent le pays et qui peuvent le guider et l'aider dans l'accomplissement de l'importante mission qui lui est confiée. »

Le général en chef,
P. O. Le général, chef d'état-major général,
APPERT.

(1) Dans un des chapitres suivants, nous donnons tous les détails relatif à la maison Crochard, qui fut le poste le plus avancé de notre armée.

2 OCTOBRE

L'île de Puteaux est occupée par les francs-tireurs de Paris.

3 & 4 OCTOBRE

Rien à signaler d'intéressant du côté des avant-postes.

Une torpille saute à la porte de Sablonville; 2 morts et 8 blessés.

5 OCTOBRE

Combat d'artillerie à neuf heures entre les batteries flottantes du pont de Suresnes, de Séguin sur Sèvres et Saint-Cloud, afin de détruire les ouvrages de l'ennemi à la lanterne de Diogène.

Le Mont-Valérien tire également jusqu'à deux heures.

6 OCTOBRE

Reconnaissance jusqu'au pont de Bezons sans rencontrer l'ennemi.

7 OCTOBRE

A une heure, une colonne forte de 800 hommes, sous les ordres du général Martenot, se dirige vers le moulin des Gibets qui domine Rueil; deux batteries d'artillerie, une de mitrailleuses, quatre escadrons de cavalerie sortent par la route de Bezons, tournent à gauche, passent par Nanterre, observant Chatou et Croissy.

Pendant ce mouvement, les francs-tireurs volontaires de la ligne et quatre compagnies de mobiles quittent le Mont-Valérien, passent au château de Richelieu et Bois-Préau, et se portent vers la Malmaison. Le Mont-Valérien couvre de feu Bougival, la Jonchères et les hauteurs de Buzenval. Le mur de la Malmaison est pétardé, les détachements chargés de l'explorer y pénètrent sans atteindre l'ennemi qui vient de se replier, *refusant le combat*, mais qui lance quelques obus dans la plaine sans atteindre notre cavalerie.

Les Prussiens sont invisibles (1). Le général en chef ordonne de rentrer dans les cantonnements.

Cet extrait du rapport militaire du général Ducrot, en date du 8 octobre 1870, au *Journal officiel*, est notre première mise à l'ordre du jour de l'armée.

« Les éclaireurs à cheval, sous les ordres du commandant Franchetti, nous ont prêté leur concours avec leur entrain et leur intelligence habituels. »

Présenté au général en chef par le général Renault, nous avions reçu la mission de reconnaître les positions ennemies. Il nous fut donné de désigner avec précision l'emplacement des batteries bavaroises établies en arrière du rond-point des Guides et sur la route de Bougival. Des épaulements pour infanterie étaient élevés à Chatou, à Carrière Saint-Denis, et deux batteries de canons étaient placées sur les hauteurs de la Jonchère.

Un incident à signaler.

M. Gambetta, nommé ministre de la guerre à Tours part sur l'*Armand-Barbès*, ballon qui s'élève de la place Saint-Pierre-Montmartre.

8 OCTOBRE

Bombardement par le Mont-Valérien des villages de Houilles, Carrières-Saint-Denis et Bezons, où l'ennemi est signalé et dont les murs sont crénelés.

Entre Bezons et Argenteuil, une longue tranchée est établie pour infanterie en face de l'île Marande où se trouve un poste.

Extrait d'une lettre du général Le Flô, ministre de la guerre, en date du 7 octobre 1870, en réponse au commandant Franchetti, qui signalait les erreurs nombreuses causées par les sentinelles, à nos rentrées dans Paris « où l'on nous prend toujours pour des uhlans ! » Le pantalon rouge éviterait ces dangereuses erreurs.

Commandant,

« J'ai reçu votre lettre et j'ai examiné avec la plus sérieuse attention les diverses demandes que vous m'avez adressées.

» En principe le pantalon rouge est exclusivement réservé aux troupes régulières, mais en raison des *services particuliers rendus par l'escadron des éclaireurs à cheval de la Seine*, je consens à l'autoriser, par exception, à adopter ce pantalon. »

Le Ministre de la guerre,

Général Le Flô.

Cet honneur militaire nous mit à dos tous les autres corps-francs qui nous baptisèrent : les Chic-Assiers !

9 OCTOBRE

Das fougasses sont placées aux portes Dauphine, Maillot, de Sablonville et d'Asnières.

Sauf un poste entre Houilles et Bezons et un appareil électrique installé au château du Marais, l'ennemi ne se montre guère.

10 OCTOBRE

La brigade Berthaut est mise à la disposition du 14e corps. — Nouvelle formation, elle est composée :

D'un régiment de zouaves de marche;
Du 36ᵉ de marche;
De deux bataillons de mobiles de la Seine.

Cette brigade relève le 19ᵉ de marche qui se porte entre Courbevoie et Suresnes.

A l'attaque du village de Bagneux, le commandant de Dampierre est tué à la tête de son bataillon.

11 OCTOBRE

Reconnaissance dirigée par le général en chef, qui choisit et décide l'emplacement d'une batterie en avant d'Asnières.

A deux heures, le Mont-Valérien tire vingt coups de canon dans la direction de Saint-Cloud.

12 OCTOBRE

Reconnaissances offensives jusqu'à la Jonchères, où l'emplacement d'une batterie ennemie est reconnu entre la Malmaison et la Jonchères.

Les portes de Paris sont fermées à six heures.

*

NOTE DU COMMANDANT (*au crayon*).

« L'escadron ayant doublé son effectif, il sera procédé à des élections en vertu de la décision du 4 octobre; l'escadron nommera trois membres du conseil en remplacement de MM. Debost et Rodrigues, démissionnaires.

Soixante-cinq cavaliers ont pris part au vote; les autres ont cru donner preuve de confiance à leur commandant en ne votant pas. »

Le dépouillement des bulletins a donné le résultat suivant :

Debost (cinquante-trois voix, réélu);
Crabère (quarante-six voix);
Rodrigues (trente-neuf voix, réélu);
Rognat (trente-trois voix);
Chatelain (onze voix).

En conséquence, Debost (3º peloton), Crabère (2º peloton), Rodrigues (1er peloton), ont été élus membres du conseil avec rang de sous-officiers. (Galons noirs et képis avec une bande d'argent.)

Les membres du conseil (1) marcheront à la droite de l'escadron et *porteront le fanion tricolore*. (Les cinq mots soulignés sont effacés par le commandant.)

13 OCTOBRE

Reconnaissances jusqu'au bois de Buzenval, au village de Rueil et le long de la Seine, tandis que la batterie de Courbevoie canonne Houilles et Bezons. L'ennemi répond faiblement quelques coups de fusil des maisons et de l'usine d'Argenteuil.

Le général Blanchard fait une sortie sur Clamart...

14 OCTOBRE

A dix heures, les quatre bataillons de Seine-et-Marne vont occuper la rive gauche de la Seine, en avant d'Asnières.

La batterie du rond-point de Courbevoie est renforcée de deux pièces de 30.

Le socle de la statue de Napoléon, qu'on a descendue avec grande précaution, est transformé en observatoire.

Au moulin d'Orgemont et près du pont d'Argenteuil, nous signalons des travaux prussiens.

15 OCTOBRE

Reconnaissance du général Berthaut jusqu'à Argenteuil. Son artillerie canonne la fabrique qui

(1) Ce conseil, n'approuvant pas toutes les mesures administratives en projet et le choix de certains officiers, fut dissous le 15 novembre par le commandant.

se trouve un peu au sud et en déloge l'ennemi, qui répond par quelques coups de canon.

La corvée de légumes, protégée par les éclaireurs, a lieu régulièrement.

Violent bombardement des forts de Romainville, Noisy et Rosny sur les travailleurs ennemis.

16 OCTOBRE

Même reconnaissance du général Berthaut, qui canonne le pont d'Argenteuil où l'ennemi commençait des travaux qui sont détruits et abandonnés dès les premiers coups de canon.

Un décret du Gouvernement de la défense prescrit la formation des bataillons de guerre de la garde nationale.

17 OCTOBRE

Le Mont-Valérien canonne vigoureusement le parc Bozzo di Borgho et le tunnel du chemin de fer de Saint-Cloud où l'ennemi cherche à commencer des travaux.

Des retranchements ayant été commencés par l'ennemi derrière le pont d'Argenteuil où sont amarrés de nombreux bateaux, le commandant Franchetti sollicite l'honneur de diriger une opération nocturne de ce côté.

Il reçui bientôt l'ordre suivant :

14ᵉ CORPS
Etat-major général.
Nº 698.

Le général en chef acceptera toute proposition présentée par M. Benoît-Champy, à l'effet de détruire ou couler les embarcations amarrées sur la rive opposée de la Seine et occupée par l'ennemi. Il l'invite à chercher le personnel qui lui paraît pouvoir réussir dans cette opération délicate et lui fournira tous les moyens d'action qui seront jugés nécessaires ou utiles pour mener à bonne fin cette entreprise.

Au quartier-général, porte Maillot.

Le général en chef,

P. O. Le général chef d'état-major général,

APPERT.

Cette opération, méditée et préparée de concert avec un chimiste fameux, M. Teyssier du Motey, fut décidée pour la nuit du 18. Mais le général Trochu eut des scrupules au dernier moment, et, sous prétexte que le pétrole n'était pas un engin réglementaire, il n'autorisa pas notre expédition.

Les ennemis que l'escadron Franchetti s'était fait parmi les corps de francs-tireurs, jaloux de nos succès et de notre bonne tenue, baptisèrent notre major du surnom de : *Capitaine des plongeurs à cheval*, — petite vengeance qui fit bien rire le brave commandant Franchetti et le major lui-même.

18 OCTOBRE

Le général Berthaut incendie la fabrique d'Argenteuil, et oblige les postes prussiens à se replier après un petit combat d'artillerie.

L'ennemi a tiré quinze coups de canon dont pas un n'a porté.

La viande est rationnée à Paris, à raison de 100 grammes par jour et par personne.

Vers dix heures du soir, les Prussiens attaquent nos avant-postes de la vallée de la Bièvre. Le fort de Montrouge les canonne pendant une heure. Un appareil électrique éclaire tout le côté sud-ouest de la banlieue. Cette alerte nous tient sur pieds toute la nuit.

19 OCTOBRE

Mouvement de troupes. Une compagnie de soixante pontonniers établit deux passerelles pour réunir les arches du pont d'Asnières.

20 OCTOBRE

Canonnade sur Chatou. Reconnaissance de l'escadron Franchetti, commandé par le capitaine Favrot, officier d'ordonnance du général en chef.

21 OCTOBRE

Combat de la Malmaison.

RAPPORT MILITAIRE (1)

A huit heures un peloton de gendarmes, emportant un repas d'avoine, part pour une reconnaissance du côté de Rueil. A onze heures, les troupes ci-après désignées font un mouvement en avant de Rueil et de la Malmaison, savoir :

1er GROUPE. — *Général Bertaut.* — Deux bataillons de Seine-et-Marne de 500 hommes chacun ; deux bataillons de zouaves de 600 hommes chaque; un bataillon du 37e de marche de 500 hommes; un bataillon des mobiles du Morbihan de 500 hommes; trois compagnies du 2e bataillon des francs-tireurs de Paris de 200 hommes. — Total 3,400 HOMMES, 20 bouches à feu un escadron de gendarmerie 10 éclaireurs Franchetti.

2e GROUPE. — *Général Noël.* — 150 francs-tireurs volontaires du capitaine Lopez ; quatre compagnies de mobiles du Mont-Valérien, 400 hommes ; deux compagnies de chasseurs à pied de la première division, 150 hommes ; deux compagnies de chasseurs à pied de la deuxième division, 150 hommes ; deux compagnies de chasseurs à pied de la troisième division 150 hommes ; 50 francs-tireurs des Ternes ; 300 francs-tireurs volontaires. — Total, 1,350 HOMMES, 10 bouches à feu, 10 éclaireurs Franchetti.

3e GROUPE. — *Colonel Cholleton.* — 300 francs-

---

(1) Toutes les pièces que nous publions sont inédites.

tireurs volontaires de la première division; 300 francs-tireurs volontaires de la deuxième division; deux bataillons du 19ᵉ de marche de 500 hommes chaque. — Total 1,600 HOMMES, 18 bouches à feu, 6 éclaireurs Franchetti. (1)

4ᵉ GROUPE, réserve de gauche, — *Général Martenot.* — Deux bataillons d'Ile-et-Vilaine de 500 hommes chaque; un bataillon de l'Aisne à 600 hommes. — Total : 2,600 HOMMES et 18 bouches à feu.

5° GROUPE, réserve du centre. — *Général Paturel.* — Quatre bataillons de la 2ᵉ brigade 2ᵉ division à 500 hommes : 2,000 hommes, 28 pièces d'artillerie, deux escadrons de gendarmerie.

Bulletin militaire envoyé au Gouverneur de Paris.

COMBAT

La brigade Bertaut se porte en avant vers onze heures et demie entre le chemin de fer de Saint-Germain et la partie supérieure de Rueil. Son artillerie aux environs de la station, ses artilleurs au château de Bois-Préau et près de la Malmaison, très fortement occupée par une division prussienne.

La brigade Noël sort du Mont-Valérien à onze heures et demie par le sud, prend le chemin qui va de la Briqueterie au château de Richelieu, son artillerie sur le versant qui descend du château de Buzenval, ses tirailleurs vers la Malmaison.

Les troupes du colonel Cholleton se portent en avant de l'ancien moulin, dans le creux formé par une ancienne carrière : elles attendent le signal pour se précipiter dans le parc de Buzenval.

(1) E. Rodrigues, Debbst, Paillard, Juif, Delabaut Sirot.

La brigade Martenot prend position entre la Briqueterie et le chemin de fer de Saint-Cloud, ses tirailleurs vers Montretout (dont la redoute n'est ni armée ni occupée).

La brigade Paturel vient se placer en arrière du moulin de Nanterre, entre ce village et le Mont-Valérien.

Accompagné de tout son état-major (général Appert, commandant Bossan, colonel Maillard, commandants Favrot, de Chabannes, commandant Franchetti, capitaines de Néverlée, de Berthier, de Louvencourt, de Montbrison, lieutenant Beaulieu, officier d'ordonnance, de Gaston, porte-fanion, de Lesseps, sans oublier Humbert), l'or-l'ordonnance du général, et escorté par le premier peloton des éclaireurs Franchetti, le général en chef se place à la Maison-Brûlée, qui domine la caserne de Rueil, et fait porter en avant toute son artillerie sur le plateau de façon à écraser la Malmaison, la Jonchère et Garches.

A une heure et demie, l'artillerie ouvre un feu épouvantable sur toute la ligne, soutenue par le Mont-Valérien et formant un vaste demi-cercle, de la station de Rueil à la ferme de la Fouilleuse. Pendant trois quarts d'heure, ce feu est concentré sans interruption sur Buzenval, la Jonchère, la Malmaison et Bougival. Les tirailleurs de chaque colonne s'approchent des objectifs, les colonnes : Bertaut de la Malmaison par le bas — Noël du sommet de la Malmaison dans les vignes de Rueil, — la colonne Cholleton sur Buzenval, dont le château est en flammes.

Au signal convenu (un grand drapeau tricolore hissé sur la Maison-Brûlée, et une flamme arborée sur la caserne du Mont-Valérien), l'artillerie cesse son feu, nos troupes s'élancent résolûment sur les positions désignées.

La colonne Cholleton se précipite dans le parc de Buzenval, en longeant le mur et sans faire feu. L'ennemi s'était retiré à l'extrémité droite dudit parc, arrivant promptement au ravin qui descend de l'étang de Saint-Cucupha au chemin de fer américain, cette colonne fait sa jonction avec celle du général Noël, qui, ayant contourné la Malmaison, a dépassé ce ravin et gravit les pentes qui montent à la Jonchère. Un violent feu de mousqueterie s'engage, partant des bois et des maisons où l'ennemi s'était embusqué malgré le feu de notre artillerie.

En même temps, quatre compagnies de zouaves, sous les ordres du commandant Jacquot, se trouvent acculées dans l'angle que forme le parc au bas de la Jonchère. Sans l'énergique intervention du bataillon des mobiles de Seine-et-Marne, ces troupes eussent été compromises. Le bataillon, se portant résolûment sur les points qui dominent Saint-Cucupha, — sa droite au parc de la Malmaison, ouvre un feu très vif sur l'ennemi qu'il fait reculer pied à pied et permet aux quatre compagnies de zouaves d'entrer dans le parc et de l'occuper.

Dès le commencement de l'action, quatre mitrailleuses, sous la direction du capitaine de Grandchamp et la batterie de 4 du capitaine Nismes, le tout sous les ordres du commandant de Miribel, s'étaient portées, avec une audace remarquable, très en avant pour soutenir l'action de l'infanterie (1).

Tandis que les francs-tireurs de la 2ᵉ division, appuyés par un bataillon du 119ᵉ de marche et commandés par le capitaine Faure-Riquier, dépassaient Buzenval et débouchaient sur le ravin

---

(1) On sait aujourd'hui, d'après les rapports prussiens, qu'une panique générale eut lieu à Versailles : le canon français se rapprochait, l'état-major ennemi fit ses paquets, les équipages royaux furent dirigés sur Saint-Germain. Le roi, les princes, les généraux de Molke, de Roon, placés sur l'aqueduc de Marly, ordonnent, vers deux heures, un mouvement de la garde royale.

de Saint-Cucupha, les Prussiens débouchaient du bois en colonnes compactes, menaçant notre flanc gauche. Le général Renault, à la maison Crochard, prévient le général Ducrot, qui, par le capitaine de Néverlée, fait donner l'ordre de se replier.

A ce moment, la batterie du capitaine Nismes, surprise près de la porte de Long-Boyau par une fusillade nourrie, a presque tous ses chevaux tués ou atteints. Il en résulte un instant de désordre, pendant lequel deux pièces tombent entre les mains de l'ennemi qui accentue son mouvement en avant. Les bataillons prussiens, que les mitrailleuses françaises criblent de balles, serrent les coudes et avancent toujours.

Dès qu'il reçoit l'ordre de battre en retraite le colonel Cholleton, pour tromper l'ennemi, fait battre la charge et porter en avant le second bataillon du 119e resté en réserve; puis, quand les mitrailleuses se sont repliées, il fait sonner la retraite qui s'opère très lentement, en bon ordre, le colonel tout à fait le dernier de sa colonne.

L'ennemi, craignant l'action de notre artillerie qui reprend son feu, arrête son mouvement et ne dépasse pas la route de Buzenval à Rueil.

Les tirailleurs de la colonne Martenot qui avaient occupé la redoute de Montretout suivent le mouvement de retraite.

Toutes les troupes défilent par les routes de Rueil et de Nanterre devant le général en chef Ducrot, que vient rejoindre au rond-point des Bergères le général Trochu, descendant du Mont-Valérien, d'où il a suivi le mouvement.

— Bonne journée, dit le gouverneur de Paris.

— Nos soldats se sont vaillamment comportées, répond le général Ducrot, qui, cette fois, avait pu faire ce qu'il voulait...

A sept heures et demie, toutes les troupes rentraient dans leurs cantonnements. Les pertes étaient peu considérables et l'ennemi avait subi un véritable échec à la Malmaison, à Buzenval et dans la plaine de Rueil. Le régiment des dragons, colonel Paterson Bonaparte, éclairé par le troisième peloton des éclaireurs Franchetti et appuyé d'une batterie à cheval, avait poussé une reconnaissance entre Bezons et Argenteuil, canonné vigoureusement l'ennemi pour l'empêcher de faire une diversion sur notre flanc droit.

Après cette journée furent accordées les premières récompenses, croix et médailles aux 13ᵉ et 14ᵉ corps (1).

L'escadron Franchetti eut les honneurs de l'ordre du jour.

Extrait du rapport militaire du général Ducrot, en date du 22 octobre 1870, au *Journal officiel*.

« En terminant, je dois mentionner particulièrement les éclaireurs Franchetti, qui avaient été placés dans ces différentes colonnes et qui, comme toujours, se sont montrés aussi dévoués qu'intelligents et intrépides.

« Général A. Ducrot. »

Le commandant Franchetti avait été décoré deux jours auparavant par le général Ducrot.

Il vit, avec joie, deux récompenses militaires décernées à ses éclaireurs après cette affaire.

22 OCTOBRE

Le général en chef fait commencer une redoute au moulin de Nanterre. Pendant la corvée des légumes, arrestation d'espions ; l'un d'eux, déguisé en marin, est garrotté et mené au Mont-

---

(1) Les promotions parurent au *Journal officiel* du 6 novembre 1870.

Valérien par le chirurgien-major Leroy d'Etioles.

23 OCTOBRE

Les redoutes achevées de Charlebourg, du moulin de Nanterre et de Colombes sont occupées par les zouaves du général Berthaut.

24 OCTOBRE

Mouvement de troupes. Les trois bataillons d'Ille-et-Vilaine se joignent à Courbevoie aux bataillons de Seine-et-Marne.

Magnifique auréole boréale à 7 heures du soir

25 OCTOBRE

Un peloton d'éclaireurs Franchetti ramène de la ferme de la Fouilleuse huit cents bottes de paille. Quelques coups de fusil sont échangés entre nos éclaireurs et les vedettes ennemies, à Buzenval.

Afin d'attirer l'ennemi hors des bois, nous simulons des manœuvres à portée de ses fusils de rempart. Cette ruse réussit à faire descendre une patrouille de uhlans par la route de Garches. Immédiatement le Mont-Valérien, qui veille, crible de mitraille ces indiscrets (1), dont plusieurs sont démontés...

Les travailleurs de la redoute, élevée au moulin des Gibets, sont protégés par un bataillon d'infanterie, qui sera relevé chaque nuit.

26 OCTOBRE

Corvée de légumes, reconnaissances.

Un violent incendie est signalé à Saint-Cloud.

1 Mot favori du commandant.

27 OCTOBRE

Le bataillon d'Ille-et-Vilaine reprend un poste à Asnières.

L'ennemi travaille au moulin d'Orgemont.

28 OCTOBRE

La reddition de Metz nous est annoncée aux avant-postes. Le maréchal Bazaine livre aux Prussiens 140,000 prisonniers, 153 aigles et drapeaux, 600 canons de campagne, 800 pièces de rempart, 300,000 fusils, 2,000 voitures militaires et le matériel de 83 batteries!!! Personne ne veut ajouter foi à la nouvelle de ce désastreux événement.

∗

Sous Paris, les francs-tireurs de la presse s'emparent du Bourget.

Le cinquième bataillon des mobiles de la Seine arrive à sept heures et est cantonné à gauche de l'avenue de Neuilly, sous les ordres du général Martenot.

29 OCTOBRE

Le troisième bataillon des francs-tireurs de Paris, *licencié par décret du 25 octobre*, est désarmé à midi.

La deuxième brigade de la deuxième division part à onze heures pour se mettre à la disposition du général Vinoy, qui exécute une sortie du côté de Villejuif. Cent pontonniers et deux cents chevaux du train sont adjoints au quatorzième corps et cantonnés au pont de Neuilly.

—

Ici je dois intercaler un rapport du commandant Franchetti, à propos du licenciement des corps francs si mal notés.

« Pour être utiles, les corps francs doivent être soumis à une discipline plus rigoureuse que toute autre troupe.

» Leur chef doit, sous sa responsabilité, avoir une grande liberté d'allure pour arriver à un but déterminé. Il faut éviter avant tout que l'indiscipline ou le pillage n'aliènent l'esprit des habitants du pays où l'on opère des reconnaissances... Par un calcul très dangereux, tous les habitants des environs de Paris viennent de rentrer dans la ville. Tous les villages de la banlieue deviendront une proie facile pour les pillards, les voleurs et les espions... »

En effet, le premier soin du commandant Franchetti avait été de pourchasser des environs d'Asnières, jusqu'au sommet de Rueil, ces individus moitié voleurs, moitié espions qui rôdaient entre les avant-postes ennemis et les lignes françaises et mangeaient, comme on dit vulgairement, à deux râteliers. Peu nombreux, dans la presqu'île de Gennevilliers, ces aventuriers *pullulaient* à Nanterre, Rueil, Suresnes et Puteaux.

A Rueil, grâce à l'énergique intervention de M. Hervet, l'administration municipale put être reconstituée après le départ précipité du maire, et cette petite ville fut à la fois protégée contre les pillards et contre les Prussiens, par le commandant Franchetti, que vint ensuite remplacer le commandant de La Rochetluon, chef des volontaires de la Loire-Inférieure.

De fréquentes reconnaissances, souvent très hardies, forcèrent l'ennemi à se renfermer strictement derrière une ligne partant de Chatou pour aller à Montretout, en passant par la Malmaison, le ravin de Saint-Cucupha, Buzenval et la Maison du Curé.

Le jour de l'incendie de Saint-Cloud, les Prussiens occupaient toute la ville de Rueil et y brûlèrent quatre ou cinq maisons pour se venger de la mort d'un officier et de quelques soldats, que le capitaine de Neverlée avait pris dans une embuscade nocturne.

Envoyé par le général en chef pour reconnaître la cause de ces incendies, le commandant de La Rochetalon faillit être enlevé avec une partie de sa troupe, tandis que d'un autre côté Franchetti et ses éclaireurs s'avançaient jusque dans Montretout.

Cependant, la nuit suivante, les Prussiens avaient poussé leurs avant-postes jusqu'au sommet de Rueil, près la carrière Pitard.

On attribue souvent à tort, d'après nous, l'incendie de Saint-Cloud aux obus du Mont-Valérien. Ce jour-là, précisément, on n'avait lancé que cinq obus pour régulariser le tir, et un officier, spécialement envoyé à l'observatoire de la Muette, devait rectifier les coups. Un seul obus fut pointé dans la direction du château, à deux heures de l'après-midi, et tomba près des écuries. C'est le soir seulement que, vers huit heures, parut une flamme rouge, avec une épaisse fumée noire, prélude d'un vaste incendie. A la même heure, brillaient à l'extrémité de Rueil des feux analogues, et il nous fut possible de constater que là au moins l'incendie avait été préparé par des soldats précurseurs des Delescluze et des Rigault, car ils avaient préalablement enduit les maisons d'un mélange de pétrole et de goudron (les soldats prussiens avaient presque tous une gourde pleine de cet engin *non réglementaire*).

30 OCTOBRE

Vingt mille Prussiens, appuyés par une formidable artillerie, reprennent le Bourget. — Le commandant Baroche est tué à la tête d'un bataillon dont presque tout l'effectif est fait prisonnier.

Les mobiles de la Côte-d'Or, forts de trois bataillons, viennent occuper Colombes et gardent les redoutes de Charlebourg et du Moulin.

Arrivée de M. Thiers, qui a une entrevue avec

le général Ducrot et se rend immédiatement à l'Hôtel des affaires étrangères.

Il est muni d'un sauf-conduit prussien; après sa conférence (qui dure six heures) avec le gouvernement, il se dirige chez son ami et allié le comte Roger du Nord.

La reddition de Metz est officielle!

31 OCTOBRE

Reconnaissances ne signalant rien de nouveau.

Départ de M. Thiers à trois heures; le général Appert monte dans sa berline, escortée jusqu'au pont de Sèvres par un demi-peloton des éclaireurs Franchetti.

En traversant le bois de Boulogne quelques balles sifflent autour de l'équipage — malgré le drapeau parlementaire.

En montant dans la barque, M. Thiers fait un faux pas.

Un détachement de uhlans se présente sur l'autre rive, après deux appels de clairon, et une voiture est amenée qui, par la route de Sèvres, conduit l'illustre négociateur à Versailles.

Les travaux prussiens, dissimulés par les maisons et les mouvements de terrain, ne sont guère visibles. Cependant, à travers les arbres et derrière le mur des écuries du parc de Saint-Cloud une forte batterie était masquée.

Saint-Cloud paraît déjà très éprouvé par les bombes; un incendie se déclare non loin de l'église.

A trois heures, un de nos camarades nous rejoint à la ferme de Fouilleuse et apprend à Franchetti l'émeute de l'Hôtel-de-Ville.

Le commandant crayonne aussitôt la réponse suivante :

« Cher ami, votre estafette me trouve près de Montretout ; j'arrive au galop, je préviendrai le général en passant et j'irai droit à l'Hôtel-de-Ville. Je ne m'occupe pas de l'escadron, je me fie à vous pour le trouver à cheval au premier signe. Est-ce bien vrai ? La guerre civile et les Prussiens ! Je ne puis y croire, je pensais ici à tout autre chose.

» FRANCHETTI. »

Dans la soirée, envahissement de l'Hôtel-de-Ville de Paris par les citoyens Blanqui, Flourens, Pyat, Millière, Tibaldi, Sapia et compagnie en armes. Leurs amis sont porteurs de bombes Orsini (plusieurs éclats ont été recueillis sur la place).

Le conseil du gouvernement de la défense est fait prisonnier. Les insurgés veulent former un nouveau gouvernement à la tête duquel ils mettent sur toutes les listes MM. Dorian, Rochefort, Hugo, Louis Blanc, Schœlcher, etc.

Le général Trochu, sommé de donner sa démission, refuse avec énergie et reste assis à la table du conseil. Les envahisseurs jettent au peuple rassemblé sur la place des listes de ministres ; quelques-uns haranguent la foule. Le reste de Paris est absolument calme.

L'armée demeure étrangère à ce mouvement. Toutes les troupes, animées du meilleur esprit, sont prêtes à donner l'exemple de l'ordre.

L'ennemi, qui connaît les projets des émeutiers, se déploie dans la plaine de Drancy... Mais des ordres de Versailles viennent bientôt arrêter le mouvement commencé.

Enfin, à huit heures du soir, grâce au ministre des finances E. Picard, qui a pu s'échapper et faire battre la générale dans tous les quartiers de

Paris, le général Trochu est dégagé par le 106ᵉ bataillon de la garde nationale, commandant Ibos.

A dix heures, notre commandant (1) nous envoie l'ordre suivant :

10 heures du soir.

« La garde nationale a delivré le général Trochu ; envoyez-moi un piquet. Ne bougez pas et attendez mes ordres ; chevaux sellés et bridés.

» Franchetti. »

A deux heures du matin, 100,000 gardes nationaux sont passés en revue par le gouverneur de Paris, qui est acclamé.

Le général Ducrot, arrivé an Louvre avec son état-major, un détachement des éclaireurs, commandé par Franchetti, et les gendarmes à cheval, rentre au quartier de la Porte-Maillot, après la revue nocturne.

Malgré nos allures à la Bayard, nous faisons tous des vœux secrets pour la conclusion de l'armistice *avec ravitaillement*.

Le drapeau rouge avait flotté quelques heures sur l'Hôtel-de-Ville, les hommes de la Commune s'étaient comptés, les journaux rouges et les clubs, profitant des désastreuses nouvelles de Metz et de notre échec au Bourget, avaient proclamé la déchéance du gouvernement.

---

(1) Vers six heures, Franchetti était parvenu à l'Hôtel-de-Ville, il était couvert de boue et criait aux émeutiers : Place ! place ! j'arrive des avant-postes avec des dépêches. Le capitaine Joly de Marval l'accompagnait, il nous rapporte l'ordre de rester consignés au quartier.

A peine réinstallé au Louvre, le général Trochu rédigea la proclamation suivante :

Gardes nationaux de Paris :

Votre attitude résolue a sauvé la République d'une grande humiliation politique, peut-être d'un danger social, certainement de la ruine de nos espérances pour la défense. La catastrophe prévue mais profondément douloureuse de Metz a légitimement troublé les esprits et redoublé l'anxiété publique ; mais on a fait au gouvernement l'injure de croire qu'il était informé de cet événement et le cachait à la population de Paris, tandis que, je l'affirme, *nous en avons reçu la première nouvelle le 30 au soir*. Le bruit s'en était, il est vrai, répandu depuis deux jours aux avant-postes prussiens, mais l'ennemi nous a si souvent habitués aux fausses nouvelles que nous nous refusâmes à croire à celle-ci. D'autre part, la malheureuse affaire du Bourget, amenée par la négligence d'une troupe qui, après avoir surpris l'ennemi, s'est laissée surprendre elle-même, a vivement ému l'opinion publique. Enfin la proposition d'armistice subitement faite par les puissances neutres a été contre toute vérité et justice considérée comme le prologue d'une capitulation, tandis qu'elle était un hommage à l'attitude de la population parisienne et à l'énergie de sa résistance. Cette démarche est honorable pour nous. Le gouvernement a seul posé les conditions qui lui ont paru conformes à sa dignité. Il a stipulé une durée de 25 jours, le ravitaillement de Paris pendant la suspension d'armes, le droit de vote pour les citoyens de tous les départements français à l'Assemblée nationale. Il y avait une grande différence entre ces conditions et celles offertes précédemment par l'ennemi : quarante-huit heures de durée effective et des communications très limitées avec la province pour la préparation des élections ; pas de ravitaillement, une place forte comme gage, la non participation des citoyens de l'Alsace et de la Lorraine aux élections pour l'Assemblée. La proposition d'armistice faite aujourd'hui entraîne d'autres avantages que Paris peut apprécier sans qu'il soit nécessaire de les énumérer ici. Et l'on reproche ces pourparlers comme une faiblesse, peut-être comme une trahison au gouvernement de la Défense nationale ! Une infime minorité qui ne peut avoir la prétention de représenter les sentiments de la population parisienne a profité de l'émotion publique pour tenter de dominer le gouvernement par la force. Celui-ci a la conscience d'avoir sauvegardé des intérêts que jamais aucun autre gouvernement n'avait eu à défendre, ceux de deux millions d'habitants et d'une liberté illimitée. Vous avez concouru à cette mission, et l'appui que vous nous avez donné fera désormais notre force contre les ennemis de l'intérieur aussi bien que contre ceux de l'extérieur.

Le Président du gouvernement,
Gouverneur de Paris,

GÉNÉRAL TROCHU.

La première tentative de la Commune avait échoué. Mais en inspirant aux exaltés de Paris l'idée de la résistance à outrance, elle avait rendu l'armistice impossible et les négociations de M. Thiers inutiles !

CHAPITRE III

NOVEMBRE

Les élections. — Refus d'armistice. — Avron. — Champigny. — La Marne.

1ᵉʳ NOVEMBRE

A la suite de l'abandon du Bourget, que le général de Bellemare, *faute d'artillerie*, ne put conserver dans la nuit du 29 octobre (1), le général Berthaut est appelé au commandement de St-Denis à la place du général Bellemare, qui vient le remplacer à Courbevoie. Dans l'intervalle de son arrivée, le colonel Fournès, des zouaves, prend le commandement des troupes cantonnées sur la rive droite de la Seine.

***

Un décret du 1ᵉʳ novembre prononce la révocation de neuf chefs de bataillon de la garde nationale de Paris : Flourens, du 1ᵉʳ bataillon de volontaires ; Razoua, 61ᵉ bataillon ; Goupil, 115ᵉ ;

---

(1) Le général de Bellemare crut bien faire en venant remettre *lui-même* son rapport au gouverneur. Il demandait l'artillerie nécessaire pour résister à une attaque menaçante ; pendant les pourparlers les Prussiens reprennent le Bourget qu'ils transforment alors en une sorte de redoute défendue sur toutes les faces du village et qu'il fut impossible de jamais leur reprendre.

Ranvier, 141ᵉ; de Frémicourt, 157ᵉ; Jaclard, 158ᵉ; Cyrille, 167ᵉ; Lerzaud, 204ᵉ; Millière, 208ᵉ.

Ces hommes devaient prendre leur revanche plus tard !!!

**

L'armistice n'est pas conclu avec l'ennemi, malgré tous les efforts de M. Thiers, qui a une dernière entrevue avec M. Jules Favre et le général Ducrot près du pont de Sèvres.

**

Le 14ᵉ corps est fondu dans la formation de la deuxième armée, commandée par le général Ducrot. Mais, en considération de l'âge et des services du général Vinoy, ancien sénateur, le général en chef lui laisse une grande latitude et la direction des opérations secondaires... Plus tard, le général Vinoy reçoit le commandement de la 3ᵉ armée.

2 NOVEMBRE

D'après les rapports des reconnaissances qui signalent des mouvements de l'ennemi, qui est déployé dans la plaine, le général en chef recommande à ses sous-ordres de redoubler de surveillance du côté de Saint-Denis.

Les zouaves occupent l'usine de la Folie; une grande redoute y est construite.

Un peloton de dragons est mis à la disposition du lieutenant-colonel de Grancey, commandant les trois bataillons de la Côte-d'Or.

Deux cents travailleurs achèvent la belle redoute de Charlebourg, armée de pièces à longue portée.

8 NOVEMBRE

Dès huit heures du matin vote du corps d'armée sur la question suivante :

« La population de Paris maintient-elle oui ou

NON, les pouvoirs du gouvernement de la Défense nationale ? »

Résultat du vote pour la deuxième armée (le recensement est fait au restaurant Gillet, Porte-Maillot, par six officiers de l'état-major général) :
    Oui : 50,000
    Non : 3,000

Le résultat général pour Paris fut :
    Oui : 557,996
    Non : 62,638

Vers trois heures, les trois bataillons de la Côte-d'Or repassent sur la rive droite et s'établissent à droite et à gauche de l'avenue de Neuilly.

Le général Clément Thomas est appelé au commandement supérieur de la garde nationale parisienne, en remplacement du général Tamisier.

4 NOVEMBRE

Le général de Bellemare prend le commandement des troupes de la rive gauche de la Seine.

Les éclaireurs-volontaires de la garde nationale sont attachés définitivement au 14ᵉ corps : effectif, 527 hommes ; ils sont cantonnés à la Garenne, en arrière de Colombes, sous le commandement supérieur du colonel Cholleton. Mouvement de troupes qui avance les avant-postes des zouaves jusqu'à la redoute du Moulin des Gibets.

Un brouillard des plus épais s'abat sur Paris. Quand il se dissipe vers deux heures, on voit des colonnes de troupes en marche de Sannois vers Chatou.

5 NOVEMBRE

A dater de ce jour, les troupes chargées de la garde du Moulin des Gibets sont disposées ainsi qu'il suit :

La demi-batterie, un peloton de dragons, le

bataillon de soutien n'occupent plus les emplacements désignés.

Un demi-bataillon, relevé tous les vingt-quatre heures, commandé par le chef de bataillon, occupe la redoute. Pendant le jour, un petit poste au Moulin brûlé ; une section sous l'ouvrage du Moulin d'Hérode ; le reste du demi-bataillon en arrière de la redoute.

Précautions réglementaires prises par les officiers pendant les nuits, afin d'éviter les surprises, embuscades ; postes avancés jusqu'à la maison Crochard.

6 NOVEMBRE

Obsèques, à l'église de la Trinité, du général de Caussade, commandant la 1re division du 14e corps.

Départ des Américains et des Belges qui trouvent décidément Paris trop monotone et la viande de cheval trop dure.

A sept heures du soir le bruit se répand que le Prussiens traversent la Seine à Argenteuil. Le général en chef renforce les postes avancés.

Rien ne vient confirmer ce bruit et la nuit se passe sans incident, sauf au pont des Anglais où une barque, montée par quelques éclaireurs ennemis, est fusillée par les zouaves.

Après l'annonce que la Prusse a officiellement refusé l'armistice avec ravitaillement demandé par l'intervention des grandes puissances, le *Journal officiel* publie la composition des trois armées de Paris sous les commandements des généraux Trochu, Ducrot et Clément Thomas.

Première armée : Garde nationale, 133,000 hommes.

Deuxième armée : Général Ducrot, 105,000.

Troisième armée : Général Trochu, 70,000.

7 NOVEMBRE

Le général de Bellemare amène cent travailleurs de plus à la redoute des Gibets.

Le général Bocher fait occuper, par les avant-postes du 120e de ligne, l'espace compris entre Bois-Colombes et la Seine.

8 NOVEMBRE

Troisième alerte causée par le bruit, faussement répandu, que les Prussiens ont envahi la presqu'île de Gennevilliers. Pour parer à toute éventualité, le général en chef fait prendre les armes à deux bataillons de la Côte-d'Or, à deux bataillons de l'Ile-et-Vilaine, atteler deux batteries de mitrailleuses de la 2e division.

Une reconnaissance d'éclaireurs, guidée par le capitaine Favrot, aide-de-camp du général et le commandant Franchetti, rencontre une patrouille d'environ trente Bavarois qui se replie sur Bougival avant qu'on ait pu arriver à portée.

Contre-ordre est donné aux troupes ci-dessus indiquées, ainsi qu'à trois bataillons de zouaves, aux trois batteries de douze, à la batterie de quatre que le général de Bellemare avait fait tenir sous les armes.

9 NOVEMBRE

Mouvement de troupes.

10 NOVEMBRE

Une pièce de vingt-quatre centimètres de marine est dirigée sur le Mont-Valérien.

D'après le calcul des pointeurs, la Valérienne pouvait atteindre la terrasse de Saint-Germain (9,000 mètres).

Voici le résultat de trois canonnades de cette gigantesque pièce :

Le premier coup fut visé sur l'arbre dit de Sully, près de la ferme du Pecq, et porta non loin du pont de bateaux ennemi, en tuant par ses éclats deux vedettes prussiennes.

Le second obus arriva au pied de la terrasse, dans le cimetière du Pecq.

Le troizième obus tomba dans le bois du Vésinet, sur un convoi dans lequel il jeta un certain désarroi.

11 NOVEMBRE

Mouvement de troupes, changements de cantonnements, les reconnaissances ne signalent rien de nouveau, corvées de légumes jusqu'aux bords de la Seine, en face de Bezons et Argenteuil.

12 NOVEMBRE

Un peloton de cavalerie est mis à la disposition des généraux de division pour le service d'escorte. Dans la nuit, le capitaine de Neverlée, officier d'ordonnance du général Ducrot, enveloppe une patrouille prussienne avec ses volontaires. Il fait six prisonniers, dont cinq se défendent jusqu'à la mort, sur la place de l'église.

13 NOVEMBRE

Travaux activement poussés aux redoutes de Charlebourg et du Moulin ; les généraux Trochu et Ducrot viennent présider aux derniers retranchements.

Pendant ce temps, l'escadron Franchetti, fort de deux pelotons, se disperse en éclaireurs et en vedettes échelonnées depuis Rueil jusqu'à Argenteuil, ainsi qu'un détachement, destiné à tromper l'ennemi, qui nous observe dans les postes du pont des Anglais et du pont de Bezons.

14 NOVEMBRE

Il est établi, à partir de ce jour, des postes de

police commandés par un officier, pour faire des patrouilles afin d'empêcher le pillage et le maraudage.

Du côté de Saint-Denis, une reconnaissance des éclaireurs volontaires, commandée par M. Poulizac, chasse l'ennemi de ses avancées de Drancy et fait quelques prisonniers.

15 NOVEMBRE

On répare le tablier du pont du chemin de fer d'Asnières ; un poste établi à chacune des extrémités en interdit la circulation.

Le colonel du génie Corbin est installé à Charlebourg,

300 travailleurs de la division Bellemare sont employés à construire des ouvrages en avant de Charlebourg.

Le premier bataillon de Seine-Inférieure arrive au Mont-Valérien.

16 NOVEMBRE

Le Moulin-des-Gibets, la Maison-Brûlée et les annexes sont occupés, à dater de ce jour, par une garnison prise parmi les troupes du Mont-Valérien. Les corps francs, commandés par MM. de Vertus et Chabaud-Mollard, sont placés sous les ordres du général Noël. Le colonel Lavocat commence la construction de batteries du côté de Colombes.

17 NOVEMBRE

A dater d'aujourd'hui, un bataillon de la 1re division devra être posté chaque soir sur les bords de la Seine pour garder la digue jusqu'à Argenteuil et occuper le terrain entre Gennevillers et Colombes.

A partir de six heures, une tranchée est ouverte à la traversée de la ligne d'Argenteuil pour relier les deux portions de la digue et un boyau pour aller à couvert de Colombes à la digue.

La batterie Deschamps est chargée d'armer une batterie à Gennevillers.

Le génie militaire supprime les barricades de Courbevoie à Colombes et rétablit la circulation.

Dans la nuit, les tirailleurs des Ternes engagent une vive fusillade avec les postes prussiens. Deux hommes tués.

Après la soupe du matin, le 1er escadron du 2e régiment de gendarmerie quitte Sablonville pour rejoindre son corps au Palais de l'Industrie. Le 1er bataillon de la Vendée se rend à Montrouge pour remplacer à Cachan le bataillon du Puy-de-Dôme qui rentre à Paris. Des boyaux sont commencés entre la redoute du Petit-Colombes et la batterie de droite et la route de Charlebourg à Bezons. Le 4e zouaves est renforcé de 85 hommes.

Quatre-vingt marins fournis par les forts du Sud et placés sous les ordres d'un enseigne de vaisseau, M. Verschneider, sont mis à la disposition du général Ducrot, et font des essais de ponts de bateaux sous la direction de M. Krantz.

18 NOVEMBRE

Après la soupe du matin, les 2e et 3e bataillons de la Vendée arrivent à Montrouge. Le bataillon de l'Ain quitte Arcueil et rentre à Paris.

Les 3 batteries du commandant Ladvocat quittent Neuilly et rejoignent la deuxième division du deuxième corps à Asnières.

La 3e brigade du 2e corps (Paturel) va s'établir à Vitry. La division Susbielle vient occuper les postes de la division de Malroy.

Le 13e dragons (colonel Loth) quitte Grenelle et vient à Clichy occuper les hangars du chemin de fer.

Le corps des volontaires de la France (surnommé les *londrés* à cause de leur tenue marron) est mis à la disposition du général Malroy à Vitry.

Les lanciers du général de Bernis quittent le Fort Neuf, à Vincennes, et sont remplacés par les *chevaux* de la réserve d'artillerie du 3e corps qui occupe leurs écuries.

Une opération projetée dans la plaine de Gennevillers est contremandée.

Les portes de Paris sont fermées à cinq heures du soir.

19 NOVEMBRE

La brigade Martenot, 1re de la 1re division du 1er corps, part de Neuilly après la soupe du matin et va s'établir à Ivry. Seulement le 3e bataillon d'Ille-et-Vilaine et le 1er de la Côte-d'Or restent provisoirement à Neuilly. D'autres mouvements de troupe ont lieu.

20 NOVEMBRE

Il est formé au grand quartier général une compagnie des Isolés. A dater de ce jour le régiment de gendarmerie est mis sous les ordres du général de Gerbois.

21 NOVEMBRE

Les batteries des différents corps d'armée qui ne se trouvaient pas avec leurs divisions, sont parties au commencement de la journée pour rejoindre leur poste. Les reconnaissances ne signalent aucun mouvement de l'ennemi.

22 NOVEMBRE

Un bataillon mobilisé de la garde nationale

sédentaire vient aux avant-postes, à Maisons-Alfort ; 160 hommes du dépôt du 129ᵉ de ligne sont dirigés sur le 123ᵉ et le 124ᵉ.

23 NOVEMBRE

Mouvements de troupe.

La batterie de 4 du capitaine Durand, de la réserve du 1ᵉʳ corps, quitte Montrouge pour se mettre à la disposition de M. le vice-amiral La Roncière le Nourry. Les deux batteries de 12 qui étaient avec les troupes du 1ᵉʳ corps et qui doivent faire partie de la réserve du 3ᵉ corps, partent de Montrouge pour se rendre à Vincennes. Le 21ᵉ bataillon de chasseurs à pied quitte Saint-Denis après la soupe du matin et se rend à Maisons-Alfort, sous les ordres du général d'Exéa. Le 3ᵉ bataillon de la Seine-Inférieure se rend à Créteil pour rejoindre le groupe Reille.

Il est créé une compagnie d'éclaireurs du grand quartier général, sous les ordres du capitaine de Neverlee, officier d'ordonnance du général en chef.

24 NOVEMBRE

L'ordre suivant est envoyé au commandant Franchetti par le président du gouvernement, gouverneur de Paris :

« Les camionnages des gares de l'Ouest, du Nord ou autres chemins de fer, ainsi que la Poste de Paris, mettront à la disposition de M. Benoît-Champy, capitaine aux éclaireurs Franchetti, le nombre de voitures, charrettes ou camions qu'il désignera, pendant le nombre de jours qu'il indiquera, pour se transporter où le capitaine l'ordonnera et pour être entièrement à ses ordres, ainsi qu'un certain nombre d'hommes pour charger.

» MM. les intendants des corps d'armée, ou au besoin MM. les maires des communes suburbaines, délivreront au capitaine Benoît-Champy des fourrages et des vivres pour les attelages et leurs conducteurs.

» Le capitaine Benoît-Champy est autorisé à requérir toute embarcation qu'il désignera; et à requérir tout canot à l'aviron.

» Le commandant du bataillon de la garde nationale d'Argenteuil prêtera aide et assistance au capitaine Benoît-Champy pour l'exécution des ordres qui lui sont confiés et prendra ses instructions pour la troupe qu'il commande. »

Le Gouverneur de Paris,
P. O. Le général, chef d'état-major général,
SCHMITZ.

Cet ordre était nécessaire pour préparer la diversion confiée à l'escadron sur l'île Marande: Le rapport de cette audacieuse opération est plus loin.

**

Le 84ᵉ bataillon de guerre de la garde nationale, commandant Bixio, et le 165ᵉ, commandant Joubert, quittent Paris à dix heures du matin et sont mis à la disposition du général Blanchard, commandant le 1ᵉʳ corps, aux avant-postes, avenue Cachan. (Effectif de chaque bataillon, 500 hommes.)

Le bataillon des *tirailleurs de Belleville*, commandant Lampierre, (effectif 500 hommes) quitte Paris pour Créteil et est placé sous les ordres supérieurs du général d'Exéa. Le général en chef fait établir une batterie en arrière de la digue, près du pont de Bezons ; on répare les chemins qui conduisent au pont des Anglais, le long du chemin de fer, en partant de *la Folie*.

25 NOVEMBRE

Le général de Liniers porte son quartier général à Saint-Ouen. Le général de Beaufort vient à Neuilly-sur-Seine. Le général Corréard s'établit au petit collège de Vanves. Les trois bataillons de Saône-et-Loire quittent Paris pour Pantin. Trois bataillons de l'Hérault, pour Aubervilliers.

Les 1er, 2e, 3e et 6e des Côtes-du-Nord quittent Paris pour Saint-Ouen. Les 2e, 3e et 4e de l'Ain vont à Clichy. Deux bataillons de l'Aube, à Boulogne. Les bataillons de l'Indre, du Puy-de-Dôme, de la Marne, le 6e de la Somme, vont à Montrouge; le 5e, à Vanves; le 3e, à Issy.

Toutes ces troupes emportent quatre jours de vivres. Un escadron du 14e dragons, un escadron du régiment de gendarmerie à cheval sont réunis pour former un corps d'éclaireurs sous les ordres du commandant Favrot, destiné à appuyer dans ses reconnaissances à venir l'escadron Franchetti, et soutenu par une section d'artillerie de campagne.

Le commandant Favrot a la direction supérieure de cette petite brigade; les dragons sont sous les ordres directs du capitaine *Morel*; les gendarmes, du commandant *Klein*; les éclaireurs Franchetti, de leur chef de corps *Franchetti*; la section d'artillerie, du lieutenant *Fortoul*. Le capitaine *de Ganet* sert d'aide-de-camp au commandant supérieur de la brigade.

Le 136e de marche est renforcé par 130 hommes venant du dépôt du 29e de ligne, à Courbevoie.

Toutes les troupes d'infanterie de la deuxième armée complètent leurs munitions à 108 cartouches, la cavalerie à 36. Elles touchent sept jours de vivres et laissent leurs petits ballots, couvertures, peaux de mouton, pour se tenir prêtes à marcher.

Sur l'ordre du général en chef, on distribue aux éclaireurs Franchetti des carabines chassepot.

26 NOVEMBRE

A dix heures, après la soupe du matin, la brigade Colonnieu, de la division Bellemare, quitte ses cantonnements de Courbevoie et traverse Paris pour aller camper près des redoutes de Montreuil et de la Boissière.

La division de Maussion s'embarque aux gares d'Auteuil et du Point-du-Jour pour débarquer à Bercy et à Charenton.

Elle s'établit en dehors des fortifications entre le chemin de fer de Lyon et la Seine. Son artillerie part à la même heure et rallie sa division après avoir traversé Paris jusqu'à la porte de Bercy. La division Susbielle part également après la soupe, à neuf heures; la 2º brigade, pour Charenton; la 2º, pour Saint-Mandé.

27 NOVEMBRE

Dans la soirée du 27 et dans la nuit, les mouvements suivants ont eu lieu :

La division de Maussion, du 2º corps, s'établit dans le bois de Vincennes, face à l'est du château, la droite à l'obélisque, la gauche à la route de Vincennes à Fontenay.

La division Renault, du même corps, s'embarque par le chemin de fer : 1ʳᵉ brigade Bocher à la porte Maillot; 2º brigade Miribel à Courcelles, pour se rendre à Vincennes dans la partie ouest du bois, la droite vers le polygone sans dépasser la lisière du bois, l'artillerie de cette division se place avec elle.

La brigade Fournès, division Bellemare, part de Courcelles pour Charonne, traverse Montreuil, le plateau de Tilmont et s'établit à droite de la colonne Colonnieu; sa droite à Fontenay, sa gauche vers le fort de Rosny : l'artillerie s'installe sur le plateau de Tilmont avec trois batteries de réserve du corps d'armée.

La division Mattat (2º corps) quitte ses cantonnements et vient se masser dans la partie est du bois de Vincennes, derrière le chemin de fer de Saint-Maur, avec son artillerie divisionnaire.

Le groupe Reille passe la Marne à Pont-Créteil, et vient se placer en arrière de Joinville. Le reste de la réserve d'artillerie du 3ᵉ corps se place dans le champ de manœuvres, le long du bois, entre l'obélisque et la redoute de la Faisanderie où campent deux pelotons de l'escadron Franchetti.

La division Faron (1ᵉʳ corps) vient se placer dans le bois de Vincennes, face à l'est, sa droite à la Marne, sa gauche dans la direction de l'obélisque, sans dépasser la lisière du bois, son artillerie au fond du polygone, près des buttes.

La division de Malroy, en deuxième ligne, se place derrière la division Faron, son artillerie à côté de celle du général Faron. Huit batteries d'artillerie se portent sur le plateau de Tilmont, quatre autres à l'ouest de Nogent. La division d'Hugues est déjà placée à la gauche du fort de Rosny. Trois mille marins, deux mille sapeurs sont à la disposition du général en chef, qui porte son quartier général à Nogent-sur-Marne, en face de la propriété du maréchal Vaillant, où un peloton d'éclaireurs Franchetti se tient à ses ordres, chevaux sellés et bridés toute la nuit.

Au rapport, la proclamation du général en chef est lue par tous les chefs de corps aux soldats, qui sont électrisés.

A huit heures et demie, les marins de l'amiral Saisset, soutenus par la division d'Hugues, s'emparent du plateau d'Avron : une nombreuse artillerie de pièces à longue portée est montée et installée sur le plateau, sous la direction du colonel Stoffel, de façon à menacer au loin les positions de l'ennemi et les routes suivies par ses convois à Gagny, Chelles et Gournay.

A la fin de la journée, le général apprend que les ponts ne peuvent être jetés sur la Marne à cause d'une crue (1) subite. Il se rend à dix heures au fort de Nogent, de là à celui de Rosny, où il y a un conseil de guerre à la suite duquel contre-ordre est donné pour l'opération que devait effectuer la 2ᵉ armée au point du jour. Mais on convient de laisser opérer dans le Sud et dans l'Ouest les diversions de généraux Vinoy, La Roncière, Beaufort et Liniers.

Dans la presqu'île de Gennevilliers, de nouvelles batteries étaient armées, des gabions, des tranchées-abri installées à l'île Marande par les soins d'un détachement de marins et d'éclaireurs Franchetti : mêmes travaux sur le chemin de fer de Rouen. (Le rapport de cette diversion est plus loin).

28 NOVEMBRE

A 7 heures du matin, le général reconnaît lui-

---

(1) La vérité, au sujet de cette prétendue crue subite, la voici :

Au lieu de s'adresser au corps des pontonniers de marine, le Gouverneur chargea un très éminent ingénieur des ponts et chaussées, M. Krantz, de la construction des bateaux qui devaient faciliter la sortie sur la Marne.

Les bateaux furent établis par des *menuisiers d'ameublement*.

Un de nos officiers, très compétent pour tout ce qui se rapporte à la marine, les vit, et adressa au Gouverneur la note suivante :

« *Les bateaux ne tiendront pas l'eau*. Voici la raison technique de cette appréciation de ma part :

« La menuiserie des meubles fait son assemblage de pièces dans les angles, tandis que dans la construction navale l'angle est la partie qui supporte tout l'effort, et le charpentier de navire ne fait jamais d'angles qu'avec les pièces de bois naturellement courbées. »

Ce que notre major avait prévu arriva, les bateaux prirent l'eau, et s'il y eut une crue de la Marne ce fut dans leur cale! — Néanmoins il y eût, par suite d'une crue de 0,30 cent., rupture du barrage de St-Maur et trois bateaux furent coulés. (Voir aux notes le rapport de M. Krantz.)

même, avec une escorte d'éclaireurs et de gendarmes, la position avancée du Mont-Avron. Pendant ce temps, le général de Beaufort dirige une reconnaissance offensive sur les hauteurs de la Malmaison, sur Buzenval, sa droite reliée, devant Bezons aux troupes du général de Liniers.

Au point du jour, les troupes du général Vinoy (3ᵉ armée) opéraient la sortie sur Thiais, l'Hay et Choisy-le-Roy, mais se repliaient sur leurs positions après s'être emparé de la gare aux bœufs, de Choisy et de Thiais, en apprenant que l'opération du général Ducrot était ajournée.

Le soir, la crue de la Marne *ayant à peu près cessé*, les ingénieurs chargés du travail s'occupent de rétablir les six ponts de bateau qui doivent favoriser le passage de l'armée sur la rive gauche de la Marne.

Puisque nous sommes sur l'eau, citons ici le rapport remis la veille de Champigny, sur l'affaire de l'île Marande.

29 NOVEMBRE

Au général Trochu.

28 novembre 1870.

Mon Général,

Suivant vos ordres, j'ai acheminé et conduit en face l'île Marande le convoi de quatre-vingt-cinq bateaux que vous m'aviez donné l'ordre de rassembler devant le pont de Bezons. Les avant-postes nous ont tiré sans résultat. Je me suis concerté avec le commandant du détachement de marins, pour que l'île Marande soit occupée cette nuit.

Le commandant Franchetti ayant rejoint, au fort de Nogent, le général Ducrot, et m'ayant chargé de conduire l'escadron, cette nuit, au fort de la Faisanderie, à Vincennes ; j'ai dû rentrer à

Paris, et j'ai laissé à Colombes le lieutenant Simonne et quelques éclaireurs pour passer cette nuit la Seine et pénétrer dans l'île Marande.

Signé : BENOIT-CHAMPY.

30 NOVEMBRE

La note ci-jointe, crayonnée par le commandant la veille de Champigny, est la reproduction de l'allocution qu'il nous fit au moment du boute-selle, dans le fort de Nogent, avant de passer la Marne, à 6 heures du matin.

« Cette fois, les amis, nous allons... à Orléans...
« Que Dieu nous accompagne ! Je crois en notre
« étoile. Surtout, tonnerre de nom de Dious! pas
« de faiblesse, et par là je veux dire : chacun
« pour soi. *Que personne, sous aucun prétexte ne*
« *mette pied à terre même pour relever un cama-*
« *rade blessé... serait-ce votre commandant, qui*
« *vous aime comme un père.* »

Bataille de Champigny.

A trois heures du matin, par une nuit magnifique, la division Susbielle (4ᵉ du 2ᵉ corps) quitte son campement du bois de Vincennes, traverse la Marne au Pont-Créteil et se dirige en avant de Créteil sur Montmesly. Soutenue par un grand nombre de bataillons de marche de la garde nationale, elle enlève la position de Montmesly ; mais cette attaque n'étant qu'une diversion, le général Susbielle, menacé par des troupes considérables, se retire en obligeant ainsi l'ennemi à ne pas se dégarnir. D'un autre côté, la 2ᵉ armée. sous les ordres du général Ducrot (1ʳᵉ et 3ᵉ division), de Malroy et Faron (3ᵉ division du 2ᵉ corps), de Maussion, sous les ordres du général Renault, passent rapidement la Marne sur les ponts jetés pendant la nuit. Ces quatre divisions sont suivies de leur artillerie et de l'artillerie de réserve. Ce mouvement avait été assuré par un feu soutenu d'artillerie partant des batteries de position établies sur la rive droite de la Marne, à Nogent, aux Perreux, dans la presqu'île de Saint-Maur, par les feux des forts de Nogent de la Gravelle, et du plateau d'Avron.

La 3e division d'Exéa reste sur la rive droite de la Marne et occupe Neuilly-sur-Marne, couvrant ainsi le flanc gauche de nos troupes d'attaque et empêchant l'ennemi de déborder soit de Chelles, soit de Noisy-le-Grand.

A neuf heures, le 1er corps Blanchard attaque avec vigueur le village de Champigny, pendant que le 2e (général de Maussion), sous la direction du général Ducrot en personne, enlève le bois du Plant et la ligne du chemin de fer.

Notre aile droite débouche de Champigny, et, malgré les efforts de l'enemi, se porte sur le plateau, en avant de Cœuilly, soutenue par toute son artillerie.

La division Bertaut suit le mouvement au centre et à gauche. La division de Maussion, un instant arrêtée par les feux du parc de Villiers, s'élance à la baïonnette, précédé par le général en chef et son état-major, chargeant, l'épée à la main, jusqu'au sommet du plateau, qui est occupé à onze heures.

Les Bavarois, ayant reçu des renforts considérables appuyés par une nombreuse artillerie, font un vigoureux effort sur notre aile gauche, qui ne peut se maintenir et se replie en bon ordre sur les postes de Bry-sur-Marne et sur le chemin de fer. C'est alors que l'impétueux élan du général en chef les entraîne en avant... Pendant que notre droite, écrasée sous le feu de Cœuilly et de Chennevières qui foudroye nos colonnes, recule et vient s'appuyer au village de Champigny.

L'ennemi s'enhardit et pousse son attaque avec acharnement, dans l'espoir de nous rejeter dans la Marne. Mais les ponts de Bry sont prêts, le général d'Exéa porte la division (de Bellemare) sur ce village : le 136ᵉ de marche et le 4ᵉ zouaves gravissent avec élan les pentes qui mènent de Bry au plateau de Villiers, sans que le feu de l'ennemi puisse les arrêter. Le général Ducrot fait soutenir ce mouvement par toute son artillerie. Toute la ligne de bataille se porte en avant, et les hauteurs de Villiers sont couronnées de nouveau. La lutte continue acharnée, et l'ennemi cesse alors son feu et se retire derrière ses cantonnements retranchés de Villiers et de Cœuilly.

Il est cinq heures et demie, la nuit surprend les combattants. Le feu ayant cessé de part et d'autre, le général en chef fait placer son armée un peu en arrière de la crête des positions conquises afin de la soustraire à l'action directe des redoutes ennemies. Il établit son quartier général à Poulangis, dans le château Chapsall.

Pendant cette bataille, le général Vinoy, avec des troupes de la 3ᵉ armée, attaquait de nouveau les positions ennemies vers Choisy et Thiais.

(Si la trouée avait pu s'effectuer, le général Vinoy devait prendre le commandement de Paris au lieu et place du général Trochu.)

Au nord, l'amiral La Roncière Le Nourry, soutenu par l'artillerie des forts, avait occupé la plaine d'Aubervilliers, Drancy et la ferme de Groslay, attirant ainsi de fortes colonnes ennemies sur les bords du ruisseau la Morée. Vers deux heures, l'amiral traversa Saint-Denis, et, se portant de sa personne à la tête de nouvelles troupes, dirigeait l'attaque d'Epinay que nos soldats, soutenus par les batteries de la presqu'île de Gennevilliers, ont occupé avec succès.

Après de telles luttes, la nuit fut occupée de part et d'autre à ramasser blessés et morts.

CHAPITRE IV

DÉCEMBRE

Bataille de Villiers. — Mort de Franchetti. — Retraite. — Bataille au Bourget. — Le froid. — Le Bombardement de Paris.

1ᵉʳ DÉCEMBRE

Au commencement de la journée, quelques combats de tirailleurs ont lieu en avant de la 2ᵉ armée. Les batteries d'Avron continuent à inquiéter les mouvements de l'ennemi dans la concentration considérable qu'il opère à Chelles et à Gournay. On ramasse les morts et les blessés. L'intendance et les ambulances se signalent. Le général de Maussion prend le commandement du général Renault, grièvement blessé. L'armée travaille à couvrir son front d'épaulements et de tranchées.

Un brave gendarme vient donner au commandant Franchetti communication de la dépêche ci-jointe :

DÉPÊCHE TÉLÉGRAPHIQUE

1ᵉʳ décembre 1870.

A commandant Fort Vincennes.

On n'a pas reçu à Creteil la grande dépêche télégraphique contenant les instructions du Gouverneur.

Faites-le moi envoyer de suite.

Un immense incendie paraît dans la direction de Gros-Bois.

Demander à l'Observatoire si on sait ce que c'est.

En lisant cette dépêche Franchetti s'écria :

— L'ennemi brûle nos bois, l'armée de la Loire n'est pas là !

Le 1ᵉʳ décembre, à huit heures du soir, j'étais de planton au quartier-général de Poulangis, dans le château de Mᵐᵉ Chapsal.

Le général Ducrot, qui s'était multiplié et qui souffrait beaucoup, donnait ses ordres dans le salon transformé en dortoir.

Vers sept heures, on avait amené un prisonnier, grand, vigoureux et fier.

Le général charge un de nos officiers, le lieutenant Lacombe, de traduire les lettres prises sur le soldat au casque à pointe. A ce moment Franchetti survient.

Il me prend à part dans la salle du billard, près de la fenêtre :

— Ami, me dit-il, j'ai un triste pressentiment que nous ne reverrons nos familles ni l'un ni l'autre ; avez-vous classé avec soin nos notes ?

— Oui, mon commandant, elles sont dans mes arçons.

— Quelle bonne chance a eu l'escadron, me dit alors Franchetti... pourvu que cela dure... et il me remet la copie de son rapport, le dernier qu'il devait signer.

« Mon général,

» L'escadron, sous les ordres du commandant Favrot, conjointement avec un escadron de dragons et de gendarmes et une demi-section d'artillerie, a traversé la Marne à Nogent, et s'est porté sur Bry-sur-Marne. Vers la fin de la journée, l'escadron s'est replié à la ferme du Tremblay et à Poulangis.

» J'ai recueilli des prisonniers des renseignements intéressants que le capitaine Benoît-Champy vous a portés sur le champ de bataille.

» *Ma bonne étoile me protège toujours, car aucun de mes hommes, soit dans l'escadron, soit dans le détachement qui nous accompagnait, n'a été atteint,* bien que les traces des balles soient visibles sur les selles, sur les crosses de fusil, et que plusieurs cavaliers aient eu leurs vêtements traversés ou leurs chevaux blessés.

» Je campe ce soir à Nogent.

» *Signé* : Franchetti. »

Le commandant me paraissait plus nerveux, plus triste que d'habitude. Je l'interrogeai, et il m'avoua à la fin toutes ses alarmes :

— Nous sommes perdus, fit-il, la journée d'hier *dont les Prussiens ne nous disputeront pas la gloire* est une stérile victoire. Prenez ces notes, et vous verrez, en les transcrivant, quel était le plan de la bataille, *mais ne manquez pas d'écrire* que sans le général Ducrot, dès huit heures, nous étions en pleine débandade...

Et il me confia les ordres de marche suivants, que l'état-major général avait fait copier pour chacun des chefs de corps..

Tandis que je parcourais les lignes qu'on va lire, Franchetti me serra la main et courut aux avant-postes. — Je ne devais plus le revoir.

**

Après le conseil de guerre qui décida la sortie sur Champigny, le général en chef remit à chaque divisionnaire le plan des

Opérations d'Avron et de Champigny.
Journées du 28 et du 29.

Dans la nuit du 28 au 29, seront réunis à gauche du fort de Rosny : la division d'Hugues, avec son artillerie divisionnaire ;

En avant du fort, 3,000 marins, 200 sapeurs du génie ou auxiliaires ;

A droite du fort, la division Bellemare avec son artillerie divisionnaire et trois batteries de 12 tirées de la réserve du 3ᵉ corps d'armée ;

En arrière de la division d'Hugues, deux batteries de 12 de campagne (ou de siége), six pièces de 24 court, six pièces de 7.

Quinze cents pelles, quinze cents pioches, deux cents haches, vingt scies (dites passe-partout) vingt masses, cinquante dames, huit sacs de poudre de 15 kilos chacun, vingt mille sacs à terre, le tout sur des voitures bien attelées.

Journée du Mardi 29.

Dès le point du jour des colonnes d'infanterie, précédées de nombreux tirailleurs, envahiront le plateau ; la division Bellemare par le nord, en longeant le bord du plateau jusqu'au château d'Avron qui sera immédiatement occupé ainsi que le parc et mis en sérieux état de défense ;

La division Bellemare par le sud, en longeant le bord du plateau jusqu'à l'éperon sud ;

Les marins, en traversant le plateau dans toute sa longueur de l'ouest à l'est, s'arrêteront à l'éperon extrême situé à l'est et s'y retrancheront.

Dans le cas où l'ennemi occuperait le plateau et particulièrement le château, l'action de l'infanterie serait préparée par une vive canonnade du fort de Rosny et de l'artillerie des divisions d'Hugues et Bellemare.

Les tirailleurs de ces divisions chercheront à gagner du terrain pendant la canonnade, en s'avançant à mi-côte, cherchant ainsi à déborder et à envelopper l'ennemi. Les premiers bataillons logés sur le plateau seront suivis par les batteries de 4 et par les mitrailleuses qui se mettront en batterie aux trois saillants nord, sud et est.

Ces dispositions prises contre tout retour offensif de l'ennemi, une batterie de 12 de campagne prendra position sur le plateau.

Deux batteries resteront en batterie dans le bas, à l'angle saillant formé par le chemin de Neuilly-sur-Marne à Montreuil, au point coté 48 sur la carte de l'état-major.

Un régiment de la division Bellemare (Seine-et-Marne) devra rester à la garde de ces batteries qui auront pour principaux objectifs Maison Blanche, Ville-Evrard et Brie-sur-Marne.

Puis viendront les six pièces de 7 qui traverseront le plateau de l'est à l'ouest et seront mises en batterie entre les éperons sud et est.

Enfin les pièces de 24, deux à l'éperon nord, au-dessus de Villemomble et Gagny, quatre pièces à l'éperon est, prenant pour objectifs principaux Neuilly-sur-Marne, Noisy-le-Grand, Gournay, Villiers-sur-Marne et le plateau qui s'étend entre ce village et Brie-sur-Marne.

Si l'ennemi évacue le village de Neuilly-sur-Marne sous le feu de notre artillerie, le régiment de Seine-et-Marne l'occupera, et la batterie s'avancera jusqu'à la route impériale, se mettra en batterie près du village, de manière à mieux battre Villiers et la partie ouest du plateau.

Toute la division Bellemare suivra alors le mouvement ; elle descendra vers la Marne formée par régiments en colonne à intervalles de 30 pas, le régiment de gauche prenant pour direction le clocher de Neuilly-sur-Marne. Dans cet ordre, elle gagnera le village et se placera derrière, abritée sur son flanc gauche et sur son front par les nombreuses maisons qui bordent la route impériale. Toute son artillerie l'aura précédée et se sera mise en batterie parallèlement à la route de manière à couvrir de ses feux Villiers et Noisy, ainsi que la partie du plateau comprise entre ces villages.

En même temps s'effectuera l'établissement d'un pont avec le matériel amené par les remorqueurs et par l'équipage réglementaire placé à Nogent.

Le pont établi, la division passera sur la rive gauche et se dirigera sur Noisy-le-Grand et les premières pentes du plateau qu'elle occupera solidement.

Toute son artillerie divisionnaire, plus les deux batteries de 12 placées dans le bas, passera la Marne avec elle, moins la batterie de 12 qui, dès le commencement de l'action, aura été placée sur le plateau et devra y rester pour l'armement définitif de cette position.

L'artillerie échelonnée à gauche et à droite de Champs, battera le village de Champs, le bois de Grace, Gournay et la route de Chelles à Neuilly.

3º CORPS

Journées des 28 et 29.

Division Mattat. — Brigade Reille.

Dans la journée du 28, les troupes du corps d'Exéa (moins la division Bellemare et le groupe Reille et les trois batteries de réserve qui lui sont adjointes) se sont massées dans la partie Est du bois de Vincennes.

Dans la nuit du 27 au 28, elles passent la Marne aux deux premiers ponts de bateaux placés en amont au-dessus de Nogent, infanterie et artillerie en même temps. L'infanterie se formera en colonnes serrées par brigades, l'artillerie divisionnaire entre la 1e et la 2e brigade de la division Mattat, l'artillerie de réserve à la gauche de la division Mattat.

Aussitôt la formation terminée et sur l'ordre du général en chef, le mouvement commencera dans l'ordre suivant :

La division Mattat et la brigade Reille, passant sous le chemin de fer, s'échelonneront par la gauche, remonteront la Marne ; la brigade Reille passant entre le village de Brie et la rivière, la 2ᵉ brigade de la division Mattat enlevant le village de Brie et l'occupant fortement : la 1ʳᵉ brigade gravissant le plateau par la route de Villiers et prenant position à gauche de la route de Joinville à Villiers, sur le bord du plateau.

L'artillerie, suivant le bord de la rivière ou traversant le village de Brie, si la route est libre, suivra le bord de la Marne, dépassera Brie et se mettra en batterie entre la route de Noisy-le-Grand et la rivière de manière à battre ce village et celui de Villiers.

Après une vive canonnade sur Noisy-le-Grand, les trois brigades s'élanceront sur le village, de front et par les deux flancs, elles chasseront les défenseurs et s'y établiront solidement.

Une brigade, avec la meilleure partie de l'artillerie, se portera dans la direction de Champs, jusqu'à la pointe du plateau à hauteur de Gournay.

La division Bellemare, qui, pendant ce temps, aura passé la rivière, arrivera en seconde ligne comme réserve, et, gravissant les pentes du plateau à l'ouest de Noisy, tournera ce village et s'établira sur le bord du plateau, sa gauche appuyée au village.

L'artillerie du 3ᵉ corps s'échelonnera le bord du plateau, entre les villages de Noisy et de Brie.

Deux batteries de 12 traverseront le village, iront se mettre en batterie à droite et à gauche de Champs, pour battre ce village et celui de Gournay.

2ᵉ CORPS

Dans la nuit du lundi au mardi, les trois divisions du 2ᵉ corps viennent se masser dans les redoutes de la Gravelle et de la Faisanderie et descendent vers les ponts de bateaux établis sur la Marne, savoir

La division Berthaut, en passant à gauche de la Faisanderie et prenant la route de Joinville ; elle descendra au bord de la Marne par les deux escaliers correspondant aux troisième et quatrième ponts.

Son artillerie divisionnaire passera par le même chemin

et le même pont que l'artillerie du 3ᵉ corps, et immédiatement après l'artillerie de réserve.

La division Susbielle suivra le bord de la Marne, passera entre cette rivière et le fort de la Gravelle, descendra vers le pont de chevalets et traversera la rivière sur ce pont et les autres ponts disponibles en amont du pont de pierre ; elle sera suivie par toute son artillerie divisionnaire.

La division de Maussion suivra le même itinéraire que la division Susbielle ; elle sera suivie de son artillerie divisionnaire et de l'artillerie de réserve du 2ᵉ corps.

Les trois divisions se formeront sur la rive gauche de la Marne en colonnes serrées par brigade, l'artillerie divisionnaire entre les deux brigades de chaque division :

La division Susbielle à droite du viaduc fermant la route d'où part la bifurcation sur Chennevières et Villiers ;

La division Maussion, dans le même ordre à gauche dudit viaduc ;

La division Bertaut, à gauche de la division de Maussion derrière la ferme de Poulangis et le Tremblay ;

La réserve d'artillerie à gauche de la division Bertaut.

La formation terminée et sur l'ordre du général en chef, l'artillerie de la division Bertaut et celle de la division de Maussion mettront en batterie derrière la route de Villiers, entre le chemin de fer et la route de Champigny, pour battre ce dernier village et la tête du plateau de Chennevières.

Après une canonnade suffisante, la division Bertaut s'avancera une brigade à gauche du chemin de fer, une brigade à droite, et se portera sur le village de Villiers par l'ouest et le sud.

En même temps, la division Susbielle se portera sur le village de Champigny qu'elle aura préalablement battu avec son artillerie, l'abordera de front et débordera sur la gauche, cherchant à gagner le bord du plateau de Chennevières.

Trois batteries de 12 et les batteries divisionnaires placées entre le chemin de fer et le village de Champigny appuieront le mouvement, tirant sur le village de Cœuilly et la tête du plateau.

La division de Maussion passant entre les batteries débordera la division Susbielle et cherchera à enlever le village de Cœuilly, en l'abordant de front avec sa première brigade et le tournant par la gauche en même temps que la division Bertaut fera effort sur le village de Villiers.

La division Bertaut, en possession de Villiers, poussera une brigade en avant entre la grande route et le chemin de fer jusqu'à la hauteur de la Grenouillère et des bois de Saint-Martin.

Aussitôt que l'artillerie pourra arriver sur le plateau, elle s'y établira pour battre le village de Chennevières et les parcs de Cœuilly et de la Lande qui, vraisemblablement, seront occupés par l'ennemi.

Après une sérieuse canonnade sur Chennevières et l'occupation de Cœuilly et de Villiers par les divisions de Maussion et Bertaut, la division Susbielle se portera sur Chennevières qu'elle tâchera d'enlever et s'y établira solidement.

En même temps que la division Susbielle fera effort sur Chennevières, la division Maussion poussera dans le parc de Cœuilly :

La 1ᵉ brigade au sud, dans la direction de la ferme des Bordes où elle cherchera à s'établir ;

La 2ᵉ brigade à l'est, dans la direction du château de la Lande, où elle cherchera également à s'établir. Elle se reliera par des tirailleurs avec la droite de la division Bertaut, dans la direction des bois de Saint-Martin.

Alors notre artillerie, s'établissant au nord et au sud de Chennevières, nous assurera la possession du plateau, et le 2ᵉ corps devra se borner à tenir solidement dans les positions de Villiers, Cœuilly, Chennevières, château des Landes, ferme du bois Saint-Martin et ferme des Bordes, sans chercher à gagner du terrain en avant.

1ᵉʳ CORPS

Division Faron. — Division de Malroy.

Aussitôt que le mouvement du 2ᵉ corps le lui permettra, la division Faron derrière la Gravelle et la division Malroi derrière la Faisanderie :

La division Faron, passant à droite de la route de la Gravelle, traversera le village de Joinville, descendra la rampe en aval du pont et traversera la rivière sur le pont d'équipage réglementaire, qui aura été jeté pendant la nuit en aval du pont de pierre : elle se massera entre la route de Champigny en colonne par brigade : elle sera suivie par son artillerie divisionnaire, qui se formera entre les deux brigades.

La division de Malroi suivra la division Bertaut par le même itinéraire et se formera derrière le 2ᵉ corps, aussitôt que le terrain sera dégagé.

Lorsque les 2ᵉ et 3ᵉ corps seront formés sur le plateau de Villiers, le 1ᵉʳ corps suivra leur mouvement, en passant entre Villiers-sur-Marne et Noisy-le Grand, la division Faron en première ligne, la division de Malroi en deuxième ligne.

Les objectifs du 1ᵉʳ corps seront la Grenouillère et la ferme de la Haute-Maison, au sud-est de Noisy-le-Grand.

CAVALERIE

Dans la matinée du 29, toute la cavalerie franchira la Marne au pont d'amont, derrière les batteries de combat de la grande réserve d'artillerie.

Le détachement d'éclaireurs Franchetti suivra le mouvement de la division Mattat et passera la Marne immédiatement après elle, et se formera à sa gauche si le terrain le permet, sous les ordres supérieurs du commandant Favrot.

SERVICES ADMINISTRATIFS

Tous les services administratifs des divisions, corps d'armée, armée, seront réunis sur le terrain de manœuvre, entre le château et le polygone de Vincennes, dans la matinée du 29 ; ils partiront à cet effet du champ de Mars à huit heures, franchiront la Marne sur les ponts disponibles, après le passage de tous les combattants et lorsque ceux-ci seront solidement établis sur les plateaux de Villiers et de Chennevières.

Si cette première partie de l'opération a réussi, notre ligne de bataille doit s'étendre de Chennevières à la route de Noisy-le-Grand (à hauteur de Gournay), passant par la ferme des Bordes, la ferme de Bois-Saint-Martin, la ferme de la Grenouillère et la Haute-Maison.

Il doit y avoir là un temps d'arrêt pendant lequel la cavalerie, l'artillerie, l'équipage de pont et tout le convoi se massent sur le plateau de Villiers, l'artillerie et l'équipage de pont suivant la route de Brie et Noisy-le-Grand, les services administratifs et le convoi la route de Malnoue :

La cavalerie occupant le centre du plateau, entre le coude du chemin de fer et Noisy-le-Grand.

Après ce temps d'arrêt, la marche en avant continue. La division Susbielle, abandonnant Chennevières, se porte vers la ferme des Bordes et de là vers le village de Malnoue.

La division de Maussion pousse vers le parc de la Lande et le Plessis-Saint-Antoine, observant le village de Combaut, l'occupant même si l'ennemi ne s'y trouve pas en forces.

La division Bertaut aborde le village de Malnoue par l'ouest en même temps que la division Susbielle par le sud.

Le 1er corps se porte sur la ferme de Lasard et le bois de Lognes ;

Le 3e corps sur le village de Champs et le bois de Grace.

Enfin, comme dernier objectif, l'armée se dirigera :

Le 2e corps sur Emerainville, le 1er corps sur Beaubourg et Lognes, le 3e corps sur Torcy.

La cavalerie, appuyée par quatre batteries d'artillerie, établies entre Saint-Tibaut-des-Vignes et Gouvernes, poussera jusqu'à Lagny pour en détruire les ponts et observer le bord de la Marne.

Le lendemain, nous nous dirigerons sur Crécy, Quincy, Ségy.

Le jour suivant, l'armée pourrait être réunie sur le plateau qui domine Coulommiers, au nord. De là, on se dirigerait sur Bray ou Nogent !

Il est entendu que si une division, par suite d'une résistance trop vive, ne pouvait atteindre son objectif, les divisions latérales qui auraient été plus heureuses devraient tourner leurs efforts sur le dit objectif, particulièrement leur artillerie, si toutefois cet objectif a une importance capitale comme le village de Villiers, par exemple.

Pour les points secondaires qui ne borneraient pas les routes ou ne les domineraient pas, on devrait se contenter de les masquer par un feu d'artillerie suffisant et les colonnes les tourneraient et continueraient leur route.

En remettant ce projet de *trouée* à Franchetti, le général Ducrot lui avait dit :

« Si j'avais dix mille hommes aussi sûrs que votre escadron... je vous inviterais à dîner mercredi soir à Lagny !!! »

2 DÉCEMBRE

La nuit fut sombre, froide et silencieuse. Les Prussiens nous ménageaient une redoutable surprise au matin; l'absence complète de feux sur les hauteurs non occupées, le manque absolu d'escarmouches que nous signalions aux avant-postes était de mauvais augure.

Bataille de Villiers.

Avant le jour, l'ennemi, avec des forces considérables, s'élance sur nos positions. Cette brusque attaque, poussée avec vigueur dès six heures du matin, fait plier nos avant-postes et reculer nos premiers régiments — occupés à prendre le café, le sergent Hoff et son détachement sont faits prisonniers les premiers.— Les généraux et les officiers ramènent leurs troupes en avant et opposent une énergique résistance à l'ennemi sur toute la ligne de Brie-sur-Marne à Champigny ; notre nombreuse artillerie, placée au Mont-Avron et sur le viaduc du chemin de fer, appuie efficacement notre armée.

Quinze mille hommes de garde nationale mobilisée, sous les ordres du général Clément Thomas, viennent prendre position sur les hauteurs de la rive droite de la Marne, pour servir de réserve.

La lutte continue indécise jusqu'à onze heures avec un terrible et meurtrier acharnement de part et d'autre ; nos pertes sont considérables.

L'ennemi essaye toujours de nous tourner pour nous chasser de nos positions ; il occupe déjà quelques maisons de Champigny, mais ne peut s'y maintenir.

A dix heures et demie la division Susbielle (2ᵉ corps) arrive à Créteil et vient relever une partie des divisions Berthaut (2ᵉ corps) et de

Malroy (1ᵉʳ corps), les plus éprouvés par le feu de l'ennemi. Quelques bataillons de garde nationale, amenés par le général Ferry-Pisani (s'écriant : la bataille est gagnée, il faut faire avancer la garde nationale !) passent les ponts et viennent se placer au Tremblay et à Ponlangis, en arrière de la Fourche et de Champigny.

L'armée prussienne, comprenant l'inutilité de ses efforts, cesse un mouvement offensif ; son artillerie seule continue à cribler le champ de bataille d'obus et de mitraille, mais le général en chef fait avancer six batteries de huit de la réserve, qui éteignent le feu des Prussiens.

Vers trois heures, les munitions des troupes engagées depuis le matin commencent à manquer, le général Ducrot, toujours en première ligne, donne l'ordre au commandant Franchetti de faire amener les réserves de cartouches. Le commandant envoie au galop nos camarades de Grimaut, Brinquant, Fontana, Loup et Sirot, dans la direction indiquée, avec mission de presser l'arrivée des fourgons en réserve près le mur de Petit-Bry... Franchetti reste d'abord auprès du général Ducrot, mais voyant les éclaireurs se replier en demandant des cartouches, il s'élance sur le talus de la route encaissée et cherche du regard ses éclaireurs.

— Les voilà qui reviennent avec les prolonges d'artillerie, s'écrie-t-il.

A ce moment, il est atteint au côté gauche par un éclat d'obus qui lui fracture la hanche, son cheval est grièvement blessé et le même projectile tue un artilleur.

Franchetti néanmoins veut rester auprès du général, mais il se sent bientôt défaillir et pâlit visiblement.

Nos camarades ayant mis pied à terre sont obligés de couper les sangles de la selle pour descendre Franchetti de cheval. On le porte à l'ambulance volante et de là au Grand-Hôtel. Au moment où on l'étend dans une voiture de l'ambulance, les généraux Ducrot et Trochu viennent serrer la main de Franchetti, essayant d'adoucir ses souffrances par d'énergiques consolations...

A quatre heures la bataille est gagnée, nous restons maîtres du terrain de la lutte et l'ennemi se replie avec précipitation.

Pendant cette journée, la division Maltat, du corps d'Exéa (3º corps), qui occupait Neuilly-sur-Marne, arrêtait, par son feu d'artillerie et de mousqueterie, toutes les tentatives faites par l'ennemi pour envoyer des renforts destinés à tourner notre droite.

Les différentes tranchés, commencées par nos troupes, sont immédiatement complétées et forment une formidable ligne de défense.

3 DÉCEMBRE

Vers sept heures, petit combat de tirailleurs, quelques coups de canon aux avant-postes, que visitent le général en chef avec son chef d'état-major et une escorte de dix éclaireurs Franchetti et de dix gendarmes.

Conseil de guerre à la Fourche, tandis que les ambulances et les frères de l'Ecole chrétienne relèvent les blessés et ensevelissent les morts.

En présence de la concentration immense des troupes ennemies, la retraite est décidée.

Le mouvement commence à onze heures par la droite, protégé par les batteries de Saint-Maur et par sept batteries placées sur la rive droite de la Marne, en amont du Perreux.

La division de Bellemare forme l'arrière-garde (3º corps).

La brigade La Mariouse, de la division Faron, reste à Poulangis sans repasser la Marne.

Le mouvement est terminé à trois heures et

demie. Le général en chef rentre le dernier et établit au fort de Vincennes son quartier général.

Toutes les troupes reprennent sur le plateau de Vincennes les emplacements qu'elles occupaient le 29 novembre, à l'exception de la brigade La Mariouse, laissée à Poulangis, de la division de Bellemare, placée au Perreux, et de la division Maltat, à Plaisance.

* * *

Le capitaine-major Benoît-Champy prend le commandement provisoire de l'escadron et vient se mettre aux ordres du général en chef, à qui il remet le rapport suivant :

Nogent, 2 décembre 1870, 11 heures de soir.

MON GÉNÉRAL,

Comme vous le savez, notre commandant a été frappé par un éclat d'obus à la cuisse, au moment où il allait, avec quelques-uns de nos cavaliers, presser l'arrivée des munitions (1). J'ai couru ce soir à Paris, et j'ai la douleur de vous annoncer que la blessure paraît grave ; il a été transporté au Grand-Hôtel, où je n'ai pu lui parler, mais où j'ai vu ses médecins, qui sont inquiets.

Je n'ai eu aucun homme atteint dans cette journée, mais seulement des chevaux blessés.

Le général Trochu m'a fait répartir dans l'après-midi mes cavaliers aux têtes des ponts de la Marne pour y maintenir l'ordre.

Je suis revenu coucher à Nogent, d'où je viens prendre vos ordres.

Signé : BENOIT-CHAMPY.

P.-S. — L'ocupation de l'île Marande a eu lieu suivant les instructions du général Trochu.

(1) Nous étions près de la batterie située auprès du viaduc de Champigny : les trente-six servants ont été tués.

Je reçois le rapport du lieutenant Simonne, qui a rejoint l'escadron aujourd'hui. L'île a été occupée pendant le temps indiqué pour être ensuite abandonnée. Les marins ont perdu deux hommes ; je n'ai eu aucun blessé.

4 DÉCEMBRE

Trois bataillons de mobiles de l'Ain et trois bataillons de la Vienne, sous les ordres du capitaine de frégate d'André, viennent de Créteil — après la soupe du matin — relever, à Poulangis, la brigade La Mariouse, qui est cantonnée dans les baraques du terrain de manœuvres de Vincennes.

Les troupes continuent l'achèvement d'une très forte barricade sur la route, entre la Ferme et la Fourche, et établissent des tranchées pour la relier à droite à la Marne, à gauche à la Ferme de Poulangis. Toutes les troupes de la 2º armée quittent les bivouacs pour se cantonner dans les villages voisins.

6 DÉCEMBRE

Mouvements de concentration. Neige abondante.

Des actes d'indiscipline de la part des soldats qui veulent forcer les portes de Paris sont signalés au général en chef, qui ordonne les plus sévères mesures.

Le gouverneur quitte Rosny et vient établir son quartier général à Vincennes.

7 DÉCEMBRE

Mouvements de troupes. Suspension d'armes pour l'enterrement des morts restés sur le champ de bataille.

Un régiment de la division Courty se tient prêt

à porter secours au commandant d'André, s'il est attaqué sérieusement.

7 DÉCEMBRE

Dès sept heures, la division Susbielle s'embarque ; une brigade à l'avenue de Vincennes ; la 2ᵉ à la station de la Rapée, à Bercy, pour prendre ses cantonnements à Clichy-la-Garenne.

La division Berthaut se dirige sur Levallois-Perret.

On affiche la proclamation suivante du Gouvernement :

Hier au soir le Gouverneur a reçu une lettre dont voici le texte :

Versailles, ce 5 décembre 1870.

Il pourrait être utile d'informer Votre Excellence que l'armée de la Loire a été défaite hier près d'Orléans et que cette ville est réoccupée par les troupes allemandes

Si toutefois Votre Excellence juge à propos de s'en convaincre par un de ses officiers, je ne manquerai pas de le munir d'un sauf-conduit pour aller et venir.

Agréez, mon général, l'expression de la haute considération, avec laquelle j'ai l'honneur d'être votre très humble et très-obéissant serviteur.

Le chef d'état-major,
Comte DE MOLTKE.

Le Gouverneur a répondu :

Paris, ce 6 décembre 1870.

Votre Excellence a pensé qu'il pourrait être utile de m'informer que l'armée de la Loire a été défaite près d'Orléans, et que cette ville est réoccupée par les troupes allemandes.

J'ai l'honneur de vous accuser réception de cette communication, que je ne crois pas devoir faire vérifier par les moyens que Votre Excellence m'indique.

Agréez, mon général, l'expression de la haute considération, avec laquelle j'ai l'honneur d'être votre très-humble et très-obéissant serviteur.

Le Gouverneur de Paris,
GÉNÉRAL TROCHU.

Cette nouvelle qui nous vient par l'ennemi, en la supposant exacte, ne nous ôte pas le droit de compter sur *le grand mouvement de la France accourant à notre secours.* Elle ne change rien ni à nos résolutions ni à vos devoirs.

Un seul mot les résume : Combattre! Vive la France! Vive la République!

LES MEMBRES DU GOUVERNEMENT,
LES MINISTRES,
LES SECRÉTAIRES DU GOUVERNEMENT.

Mouvement de fierté qui répondait plus à l'état des esprits surexcités qu'aux véritables intérêts de la patrie!

*

Le commandant Franchetti succombe à ses blessures. Le Gouvernement, sur la proposition du général en chef nous envoie l'ordre suivant :

LE
GOUVERNEUR DE PARIS
Cabinet.

6 décembre 1870.

ORDRE

« M. Benoît-Champy, capitaine-commandant de l'escadron Franchetti, est reconnu comme chef de corps, et autorisé à donner en cette qualité toute signature, comme à exercer les fonctions.

P. O. Le général, chef d'état-major général,

» FOY. »

Le commandant Favrot, aide de camp du général Ducrot, est nommé commandant supérieur de l'escadron. Le successeur de Franchetti passe en revue les éclaireurs à Vincennes, le 7 décembre.

Le même jour, le *Journal officiel* insère les lignes suivantes :

. . . .

» Auprès de cette vieille gloire (le général Renault) est venue s'éteindre une vie toute d'espérance : le commandant Franchetti a également succombé à la suite de sa blessure. Il avait conquis une place d'honneur au milieu des défenseurs de la capitale. Jeune, ardent, vigoureux de cœur et d'esprit, il n'est pas de journée, depuis le commencement de la campagne, où il n'ait fait preuve de vaillance à la tête de la troupe d'éclaireurs à cheval qu'il avait formée et qui pleure aujourd'hui l'homme qui avait si bien compris le parti qu'on pouvait tirer d'une pareille troupe d'élite.

. . . .

P. O. Le général chef d'état-major géneral,

» SCHMITZ. »

Le commandant Franchetti devait avoir sa place marquée dans les pages glorieuses qui formeront le livre d'or de la défense de Paris.

Le commandant Franchetti, était un ancien soldat. Il avait dix années de service.

Après une brave campagne en Afrique, il fit la guerre d'Italie, où il fut blessé à la bataille de Mélegnano, à côté du maréchal Baraguey d'Hilliers, dont il était porte-fanion (1).

---

(1) Il fut proposé pour la croix d'honneur, mais oublié.
Quant on lui en demandait les motifs :
— Je n'ai pas fait les demarches nécessaires.

Marié depuis six ans, il avait abandonné le service militaire et s'était associé à son beau-père.

Quand il apprit les désastres de nos armées, il se souvint qu'il avait servi la France et que son devoir était de combattre à nouveau pour elle. Il s'adressa d'abord au général Palikao pour obtenir l'autorisation de former un corps d'éclaireurs.

Le général Palikao, qui prévoyait sans doute « une paix honteuse » se refusait à toute nouvelle création militaire. Le général Trochu s'empressa d'accorder à Franchetti l'autorisation qu'il sollicitait.

Les éclaireurs de Franchetti ont bien vite acquis une indiscutable célébrité.

A la suite du combat du 21 octobre, leur brave commandant avait été décoré.

Il y a quatre jours, Franchetti recevait un éclat d'obus, blessure qui devait le conduire au tombeau.

Le soir du 2 décembre, il fut convaincu qu'il était perdu ; le 3, grâce aux tendres consolations du docteur Nélaton, il eut quelque espoir ; le 4, il se crut complétement sauvé, et dans la nuit du 4 au 5, quelques heures avant de rendre le dernier soupir, il demandait à ceux qui l'entouraient, quand il pourrait remonter à cheval.

Pendant trois jours, ce fut au Grand-Hôtel une véritable procession de visiteurs.

Nous choisissons, entre tous, cet extrait de la *Revue des Deux-Mondes*, relation des obsèques du commandant des Eclaireurs à cheval de la Seine :

« Ce fut le 2 décembre que nous le conduisîmes à sa dernière demeure. Ceux qui ont assisté à cette cérémonie ne l'oublieront pas. Au Grand-Hôtel, où il avait succombé, sur le boulevard, où tous s'arrêtaient et se découvraient, c'était la pompe ordinaire des enterrements militaires, et cette foule qui se presse derrière le char de quiconque a une certaine situation dans le monde parisien; mais au cimetière, dans la partie réservée aux Israélites, où l'on n'a fait entrer que les amis de la famille, que les officiers de toute l'armée et les soldats du corps des Eclaireurs, la scène prend un caractère vraiment saisissant. De sourds roulements de tambour, les notes les plus basses et les plus étouffées du clairon, ont conduit jusqu'à la fosse béante le char funèbre, que suit le cheval de bataille tout caparaçonné de noir : on s'est arrêté et rangé en cercle.

« Les Eclaireurs, qui ont laissé leurs chevaux à l'entrée, sont tous là, le sabre nu, les yeux rouges, regardant ce cercueil et la terre qui va le recouvrir. Cette triste journée de décembre, qui semble en harmonie avec le deuil des âmes, penche vers son déclin et s'assombrit déjà ; entre les cyprès qui montent dans le brouillard, on distingue pourtant encore, à quelques pas, les traits des mornes visages que l'on a vus, il y a quelques mois, briller dans les fêtes. Le silence se fait, puis on entend s'élever le chant solennel des prières hébraïques ; quand elles s'interrompent, le grand rabbin prend la parole et, malgré son accent allemand, il est éloquent ; il parle de devoir, de justice et de liberté ; il dit que de pareilles victimes n'auront pas donné leur sang en pure perte, et que la France sortira victorieuse, un jour ou l'autre, des luttes désespérées auxquelles la condamnent l'ambition et la haine.

« L'émotion est au comble, quand, après le rabbin, un des capitaines de l'escadron, M. Benoît-Champy, s'avance auprès de la tombe et, d'une voix entrecoupée, dit adieu à son chef au nom de tous ses camarades que l'on voit sangloter comme des enfants, il lui jure de le venger sur l'ennemi. Puis le prêtre prononce encore une prière et une bénédiction, atteste encore une fois, en face de cette dépouille de celui qui fut si vaillant et si généreux, les espérances communes à toutes les religions.

« Pendant que nous adressions à ce soldat de la France ces derniers adieux, le canon tonnait au loin, du côté de Gennevilliers ou d'Auteuil ; il nous avertissait que ce n'était point le moment de pleurer et de s'abattre; et que plus d'un homme de cœur tomberait encore avant que ne sonnât l'heure de la délivrance. »

Si le commandant Franchetti avait pu laisser un testament militaire, on y aurait trouvé les lignes suivantes :

PROJET DE FORMATION
d'un corps (1) de
Guides-Volontaire des Armées en Marche.

Léon Franchetti nous disait bien souvent :

« J'espère que mon escadron servira plus tard de type à un corps d'*éclaireurs d'état-major*...»

S'il parlait bien et avec facilité, le commandant n'aimait pas écrire. Aussi n'a-t-il laissé que des notes au crayon.

Du reste, tout à son escadron ou continuellement en rapport avec les généraux, il n'avait guère le temps de travailler. Sa lecture favorite était un ouvrage de Sheridan, je crois, dont le titre m'échappe, mais qu'il admirait beaucoup.

---

(1) L'administration militaire s'était ouvertement déclaré hostille au projet de Franchetti, et à toute formation de corps francs. Ce fut dans cet ordre d'idées que Franchetti présenta son projet d'*éclaireurs* au ministre de la guerre Palikao... qui le jeta au panier sans le lire.

Ce livre traitait de la guerre entre le Sud et le Nord et de l'organisation de la cavalerie américaine.

Voici, en peu de mots, qu'elle était l'idée de Franchetti relativement aux *guides-volontaires*.

« Les deux pivots d'une armée en marche sont les *états-majors* et les *intendances*. Aux premiers le soin de diriger les troupes, aux seconds la mission de ravitailler en munitions et en vivres les corps d'armée. Durant toute la campagne de 1870, non-seulement les troupes françaises sont dirigées *au hasard*, par des généraux mal informés et munis de cartes erronées; mais la plupart des convois de vivres et de munitions ont été expédiés sur des points où l'armée ne pouvait se concentrer, voire même sur des villes *occupées le lendemain par l'ennemi.*

Nous ne citerons qu'un exemple.

C'est à Montmédy que devait s'opérer la jonction projetée entre l'armée de Châlons et l'armée du Rhin. Le 25 août, l'intendant général Wolff fit diriger sur Montmédy *quatre millions* de ravitaillement... qui furent pour l'armée de Frédéric-Charles.

Tandis qu'il attendait Bazaine, l'intendant en chef de l'armée de Mac-Mahon reçut le 3 septembre un émissaire du prince de Hohenloe, qui lui fit dire : « Votre armée de Châlons et votre empereur sont prisonniers. »

L'intendant Wolff ne voulut pas ajouter foi à ce message et menaça le parlementaire de le retenir prisonnier.

Celui-ci répliqua avec dignité :

— Je ne l'ai pas vu, mais *mon roi me l'a dit. Je jure que cela est vrai!*

Devant ce serment solennel, fait en présence de tous les officiers de la garnison, on laissa libre l'émissaire prussien; mais **Montmédy** résista au siége et ne se rendit qu'au mois de novembre.

Cet épisode que je tiens de Franchetti nous avait beaucoup frappé. Comment croire, en effet, qu'on pouvait faire la jonction espérée huit jours avant Sedan, quand Bazaine, bloqué à Metz, ne donnait plus de nouvelles ? Comment dirigeait-on tous les ravitaillements sur une seule place forte, qu'il était impossible d'atteindre sans vaincre deux armées ennemies ?

— Le moindre de mes éclaireurs aurait su la vérité, s'écriait Franchetti... Mais on se figurait alors qu'on éclairait suffisamment l'armée en ordonnant chaque matin de diriger sur les routes, à *plusieurs kilomètres*, des pelotons de cavalerie légère ! ! ! Comme en Afrique.

Les corps d'éclaireurs doivent servir d'auxiliaires à l'État-major : leur mission n'est pas de combattre en troupe, ni même de guider les avant-gardes ; elle consiste à reconnaître le pays à *vingt lieues* à la ronde. Il faut, pour remplir utilement un tel rôle, *fouiller* les bois, *interroger* les personnes qu'on rencontre, *s'adresser* au maire de chaque localité, *choisir* les positions stratégiques, suivre les cours d'eau afin *d'indiquer* sûrement les passages à gué ou les pentes favorables pour l'établissement des ponts de bateaux, *rechercher* les gardes champêtres ou forestiers, les facteurs ruraux, les maîtres d'école, afin d'obtenir d'exacts renseignements sur les ressources de chaque localité, logements, vivres, fourrages etc.

Enfin l'éclaireur d'état-major doit avoir le jugement assez sûr pour choisir quelques hommes du pays capables de l'informer et, au besoin, de le guider dans les endroits où l'ennemi peut se présenter.

Avec de tels éclaireurs, comment laisser surprendre une armée ? Comment les généraux ou les intendants feraient-ils pour tomber toujours dans les pièges grossiers qu'on tendait à leur inepte insouciance ?

Tel était le fond du projet de Franchetti.

Il s'agissait donc de trouver dans chaque département une centaine de jeunes gens, bien montés, habitués à la chasse, et d'en former des escadrons *assimilés aux mobiles*, c'est-à-dire dépendant des autorités militaires sans faire partie de l'armée.

Chaque escadron, mis sous les ordres d'un officier supérieur nommé par le ministre, se réunirait au chef-lieu, et serait mis à la disposition des généraux ou des intendants militaires.

—

Il ne suffit pas d'être intrépide cavalier pour remplir les missions importantes dévolues à des éclaireurs. Franchetti avait défini en peu de mots les conditions d'admission dans ses *guides volontaires*.

1° Connaître la géographie, la topographie du département ;

2° Y résider habituellement ;

3° Connaître le maniement des armes ;

4° Posséder deux chevaux ;

5° Présenter un second (ordonnance ou cocher) qui s'engagerait par écrit à servir en cas de guerre. Les soins à donner au cheval, aux armes, aux effets du *guide volontaire* seraient dévolus à ce second.

6° S'habiller à ses frais, ainsi que son ordonnance. La dispense de service obligatoire compenserait, pour le second, les inconvénients de cette tâche : mais il faudrait que le second ait déjà servi ou qu'il eût fait campagne.

L'importante question de l'uniforme venait ensuite :

De couleur sombre, simple en tout, très ample, avait d'abord décidé Franchetti, qui voulait le manteau noir, les courroies, sangles et ceinturons noirs.

Mais les vedettes françaises nous ayant toujours pris pour des Prussiens, il adopta, pour son escadron, le képi rouge, la ceinture rouge et le pantalon garance. Seuls, les chevaux blancs furent refusés par le commandant (1) comme *trop voyants*.

**

Quelques jours avant Champigny, quand la victoire de Coulmiers nous rendit un peu d'espoir, le commandant reçut du général en chef les instructions suivantes :

1° Choisir parmi les éclaireurs, soixante (2) hommes déterminés ; former trois pelotons.

2° Ces trois pelotons feront brigade avec les dragons et les gendarmes éclaireurs du quartier général, sous les ordres supérieurs du commandant Favrot.

3° Quand l'armée aura franchi les deux lignes d'investissement de Paris, les pelotons, relevés chaque jour à tour de rôle, opéreront en avant des têtes de colonne.

4° Chaque éclaireur sera doublé d'un dragon et d'un gendarme et ces trois cavaliers, toujours espacés à plusieurs kilomètres en avant, couvriront par une incessante surveillance la marche de l'avant-garde.

5° Les éclaireurs marcheront *en éventail*, sans suivre les routes, à travers le pays, mais de façon à être toujours en communication possible avec le gros de l'escadron. De lieue en lieue un éclaireur restera en vedette afin d'indiquer au besoin aux troupes les chemins à suivre. (Ces

---

(1) Sauf pour son service particulier, car son cheval préféré était un arabe gris-pommelé qu'il montait le jour où il fut mortellement blessé à Champigny.

(2) Soixante-dix éclaireurs prirent part à cette sortie.

hommes mettront pied à terre et *sans débrider jamais* donneront à manger aux chevaux.)

6° Chaque éclaireur devra inscrire sur un carnet *ad hoc* tout ce qu'il aura remarqué, depuis les routes défoncées, les chemins de traverse, les endroits clôturés, jusqu'aux traces laissées sur la terre par les roues ou les pieds des chevaux.

7° Dès qu'une nouvelle importante sera connue, le commandant des éclaireurs devra en être informé sur-le-champ.

8° Chaque officier ou sous-officier fera sa ronde du premier éclaireur au dernier sous ses ordres, afin de surveiller sans cesse les opérations.

9° En cas d'alerte, l'éclaireur devra faire feu de sa carabine et se replier rapidement sur la troupe de soutien par des *sentiers détournés reconnus à l'avance*.

10° Si des prisonniers sont faits, se *méfier* toujours d'eux. Un prisonnier n'est qu'un ennemi désarmé. (1)

11° Les chevaux ne seront débridés ou déchargés que sur l'ordre du commandant. Les hommes dorment la nuit *armés* et *habillés*.

12° Une fois l'ennemi *atteint* ou *reconnu*, l'éclaireur, par tous les moyens possibles, devra le *tenir à vue* ; on se repliera si l'ennemi avance ; on avancera prudemment s'il se replie en se méfiant des embuscades. (Lorgnette et pistolets au poing.)

La nuit, tous les points qui pourraient servir de passage à l'ennemi seront occupés.

. . . .

On le voit, par ces notes très détaillées, les

---

(1) Cette curieuse note du commandant a été confirmée par les luttes, que, durant la guerre, on a eu à subir avec les Allemands faits prisonniers.

éclaireurs devaient être « la vue et l'ouïe de l'armée. »

Quand le général Trochu connut plus tard ces instructions, il s'écria :

— Pour qu'une cavalerie régulière puisse rendre de tels services à une armée, il faudrait que chaque soldat fût *capitaine d'état-major* !

— Pourquoi ne pas former des régiments de capitaines, lui répondis-je.

Cette sortie fit sourire le gouverneur de Paris; mais elle n'était pas aussi impossible à mettre en pratique qu'elle en avait l'air. Malheureusement nos troupes ne purent dépasser Villiers.

Maintenant que les honorables services de l'escadron Franchetti sont reconnus, on nous permettra de citer, en dehors du commandant, les éclaireurs ayant rempli auprès des généraux les missions d'officiers d'état-major ;

MM. de Bully, ✽ détaché auprès du général Ducrot, à Champigny ;

Gustave Fould, auprès du général Vinoy (porté pour la croix).

Schneider (médaillé), auprès du général de Bellemare (Drancy, 21 décembre).

Isoard (médaillé), auprès du colonel de Narcillac, à Buzenval.

Crabère, détaché auprès de l'amiral Pothuau (porté pour la croix).

B. Champy, ✽ missions spéciales du gouverneur de Paris.

Le Fez (médaillé), détaché le 21 décembre auprès du colonel Colonieu ; le 28 mars auprès du général de Gallifet...

Simone, missions spéciales du gouverneur (porté pour la croix).

Begé, ✻ détaché auprès du général Ducrot à Champigny.

Rodrigues (médaillé), détaché auprès des généraux Ducrot, Renault et du colonel Cholleton aux différentes batailles et chargé de missions spéciales.

Ces *capitaines improvisés* n'ont pas démerité de la confiance de leurs chefs, puisqu'ils ont tous reçu des récompenses et ont tous été portés pour la croix d'honneur, *sans avoir jamais rien sollicité*.

En résumé, nous croyons l'idée de Franchetti très intéressante à étudier. Si nos généraux peuvent diriger en avant du front de nos armées des hommes intrépides et intelligents, bien montés, capables de passer partout, ils sauront peut-être où est l'ennemi, et ne seront plus tournés ou battus *en une nuit*!

Ajoutons qu'en cas de nouvelle invasion ou de guerre en France, — aujourd'hui il faut s'attendre à tout, — les *guides départementaux* deviennent INDISPENSABLES.

En terminant cette reproduction des projets de Franchetti, nous devons signaler à nos lecteurs l'intéressante brochure du commandant Favrot ayant pour titre: *Projet d'institution d'un corps permanent d'Eclaireurs volontaires à cheval*. (Dentu, éditeur).

Ce projet, approuvé par le Ministre de la guerre, se rapproche beaucoup de celui de Franchetti, dont il complète les idées et les instructions.

⁎
⁎ ⁎

Mais reprenons notre triste tâche... en continuant seul le journal inachevé du pauvre commandant·

8 DÉCEMBRE

A dix heures, on continue l'ensevelissement des morts sur le champ de bataille de Villiers.

Les diverses divisions occupent l'emplacement suivant :

Après le départ, fixé pour le lendemain, du 1er régiment de gendarmerie et de la brigade de cavalerie de Gertbois, qui vont à Neuilly :

Premier corps :
Division Susbielle, à Clichy ;
Division Berthaut, à Levallois ;
Division Courty, à Saint-Mandé.

Deuxième corps :
Division de Bellemare, au Perreuse ;
Division Maltat, à Plaisance.

Réserve :
Division Faron, à Saint-Maur et à Vincennes ;

La brigade d'éclaireurs du commandant Favrot au fort de Vincennes.

9 DÉCEMBRE

Après la soupe du matin, les 13e et 14e dragons, le 1er régiment de gendarmerie à cheval retournent à Courbevoie, Neuilly et Clichy.

La brigade Cousin est cantonnée à Vincennes.

Par décret du courant, de grandes récompenses sont accordées à la 2e armée.

Obsèques, aux Invalides, du général baron Renault, mort des suites de la blessure reçue au pied, à la bataille de Villiers.

Députations des divisions Susbielle et Berthaut. Le général Appert représente le général en chef.

10 DÉCEMBRE

Repos des troupes. Réorganisation des cadres

par suite des pertes subies dans les batailles du 30 novembre et du 2 décembre.

11, 12 & 13 DÉCEMBRE

Reconnaissances entre le plateau d'Avron et les forts. Rien de nouveau.
Rien à signaler.
Cent soixante hommes du dépôt du 4ᵉ zouaves rejoignent les bataillons de guerre au Perreux.
Après la soupe du matin, le parc d'artillerie du 1ᵉʳ corps part pour prendre ses cantonnements à Clichy et rejoindre les divisions Susbielle et Berthaut.
La mortalité, qui a constamment augmenté depuis le blocus de Paris, s'élève au chiffre hebdomadaire de cinq mille décès !

14 DÉCEMBRE

Rien de nouveau. On perfectionne, à Poulangis, la tête de pont occupée par les troupes du commandant d'Andrée.
Le pain ne sera pas rationné, disent les affiches, mais le froment n'entre plus que pour un tiers dans la fabrication du pain.

15 DÉCEMBRE

Vers cinq heures arrive un détachement de 450 hommes, appartenant au dépôt des isolés et sortant des ambulances... ils sont dirigés sur leurs corps respectifs.

16, 17 & 18 DÉCEMBRE

Après la soupe, le bataillon du 116ᵉ de ligne, resté à Creteil depuis la journée du 2, prend le chemin de fer pour Clichy, afin de rejoindre son régiment.
Le froid est très rigoureux.

19 DÉCEMBRE

Le quartier général est porté au Palais-Royal.

19 décembre 1870.

MISE A L'ORDRE DU JOUR DE L'ARMÉE

« Franchetti, commandant l'escadron des éclaireurs à cheval du quartier-général. Blessé mortellement à l'attaque du plateau de Villiers. Le commandant Franchetti, organisateur du corps des éclaireurs à cheval, avait rendu depuis l'investissement des services de premier ordre. Il laisse à sa troupe, avec son nom, des traditions d'honneur et de dévouement. »

Toutes les troupes reçoivent sept jours de vivres et trois jours d'avoine.

Par suite d'un retard de vingt-quatre heures dans les opérations militaires projetées pour le 19, une ration vivres pour la journée du 20 est distribuée aux troupes dans la soirée.

20 DÉCEMBRE

Il est mis à la disposition du général Noël, commandant le Mont-Valérien :

1° Une baterie attelée, avec les attelages organisés par M. Ducros, ou avec les chevaux de réquisition (C° des Omnibus) ;

2° Une section de mitrailleuses, prise dans l'artillerie de la 3° armée ;

3° Quelques pièces de sept fournies par l'industrie, les attelages cantonnés au rond-point des Bergères et de Courbevoie. Les pièces de sept et les mortiers au Moulin des Gibets.

Huit bataillons de garde nationale sont mis à la disposition du général Noël, cantonnés à Puteaux, et quatre au rond-point de Courbevoie.

Les bois nécessaires pour établir une passerelle entre la rive gauche de la Seine et l'île

Chiard, à hauteur de Chatou, sont transportés à Nanterre.

Deux bataillons de garde nationale viennent renforcer les postes de la Folie et de Charlebourg.

Quatre bataillons de garde nationale prennent position en face de l'île Saint-Denis, derrière le fort de la Briche.

Douze bataillons prennent position à Pantin, six à Noisy-le-Sec, six à Rosny, six à Fontenay-sous-Bois, six à Nogent, six à Maison-Alfort.

La division Susbielle, du 1er corps de Mausson, part dans l'après-midi de ses cantonnements de Clichy et se porte à Aubervilliers avec son artillerie divisionnaire.

Après le coucher du soleil, la division Berthaut, du 1er corps, s'embarque sur le chemin de fer de ceinture à la gare de Courcelles, elle débarque entre Aubervilliers et la Cour-Neuve et se forme en arrière de la route qui va de Bondy à la Cour-Neuve.

Première brigade à droite de la route de Lille.
Deuxième brigade à gauche.

L'artillerie, qui a suivi la route de la Révolte et le chemin de Saint-Ouen à Aubervilliers, se forme à la hauteur du fort, entre les deux brigades, en arrière la réserve d'artillerie du 1er corps.

Après le coucher du soleil, la division de Courty prend le chemin de fer de ceinture à la gare de Bercy et débarque sur le chemin de fer de Strasbourg, de l'autre côté du canal, près la route des Petits-Ponts et se forme entre le fort d'Aubervilliers et le ville de Bobigny. Son artillerie fait le même mouvement la nuit et vient se former en arrière des deux brigades.

La division de Bellemare, 1er du 2e corps, avec son artillerie divisionnaire, se porte au village de Merlan et y prend position.

21 DÉCEMBRE

Bataille entre le Bourget et Drancy.

La division Maltat, 2ᵉ du 2ᵉ corps d'Exéa, prend le chemin de fer à minuit à Nogent et débarque à Noisy-le-Sec, pour se former en arrière de la route de Metz, entre Bondy et Noisy, son artillerie divisionnaire entre les deux brigades, derrière le petit bois qui se trouve au nord du canal, à droite de Bobigny.

La brigade Reille, du 2ᵉ corps, vient s'établir à Noisy-le-Sec, aux environ de la station.

Les trois brigades de la réserve Faron prennent position entre Bagnolet, Romainville et le fort de Noisy, son artillerie aux environs de Romainville.

Six sections de pontonniers, réunis à Asnières sous les ordres du commandant Marulay, se portent à Pantin, près le canal de l'Ourcq, à portée de la route des Petits-Ponts.

Le grand quartier-général est au fort de Noisy.

Avant le jour toutes les troupes sont sous les armes. La brigade des éclaireurs du commandant Favrot vient se placer en avant du chemin de fer de Strasbourg, à gauche de Bobigny, dans un pli de terrain, défilé des vues de l'ennemi, massée par escadron, elle met pied à terre.

Le premier peloton d'éclaireurs, commandé en personne par le commandant Favrot, pousse une hardie reconnaissance jusqu'à la ferme de Groslay, sur la lisière de la forêt de Bondy, où l'ennemi le reçoit par un feu très nourri.

La division Susbielle se forme en colonnes par brigade, en arrière du village d'Aubervilliers, sa droite appuyée à la route de Lille, afin de soutenir l'action de l'amiral La Roncière. La division Bertaut est chargée d'enlever le Bourget et Drancy.

La division Bertaut prend position, savoir :

une brigade, entre le Petit-Drancy et la route de Lille ; la seconde en réserve, entre le ruisseau de Montfort et le chemin qui va de Bondy à la Courneuve.

La division Courty se place : 1re brigade, dans les tranchées entre le Petit-Drancy et la route des Petits-Ponts ; 2e brigade, en arrière.

Par la route de Rosny, la division de Bellemare se porte en avant, traverse le canal et se forme en face, à Aulnay, derrière le chemin qui va de Bondy à Drancy, à gauche duquel sont établies nos batteries de position, son artillerie divisionnaire avec elle.

La brigade Reille s'établit dans les tranchées faites entre Bondy et la route des Petits-Ponts.

La division Mattas, en réserve, derrière le canal, prête à se reporter soit vers la droite de Bondy, soit vers Groslay.

La division Faron reste en position derrière Bobigny.

Les batteries de combat de la réserve générale traversent le canal et prennent position derrière Bobigny, prêtes à se porter soit vers Drancy, soit vers Groslay.

A sept heures et demie, les forts de l'Est, d'Aubervilliers, de Romainville, la batterie de Courneuve et de la 2e division ouvrent un feu des plus nourris sur le Bourget.

A huit heures, la canonnade cesse, et les 1,200 marins (divisés en deux colonnes) de l'amiral La Roncière s'élancent sur le village comme à l'abordage. Ils s'emparent des premières maisons et du cimetière, où ils font cent prisonniers de la garde royale prussienne... mais ils ne sont pas soutenus par le 138e de marche qui *refuse de se porter en avant!* malgré les énergiques efforts des officiers...

La résistance de l'ennemi est énergique ; les autres troupes de soutien n'arrivent pas à temps, et les marins subissent des pertes considérables, dans leur effectif, et reculent pied à pied, ramenant prisonniers et blessés.

Pendant cette attaque, la division Bertaut, et et une brigade de la division de Maussiou, occupent le village de Drancy assez facilement, une brigade dans le parc, la 2ᵉ en réserve, en arrière du Petit-Bondy.

Le bataillon des francs-tireurs enlève la ligne du chemin de fer de Soissons, malgré le feu de l'ennemi qui amène bientôt, entre Dugny, Blanc-Ménil et Aulnay, une artillerie considérable et ouvre un feu violent sur nos troupes.

Deux batteries sont établies un peu en arrière du chemin de fer de Soissons par le général de Courty qui essaye de contrebattre le feu de l'ennemi.

Les francs-tireurs de la division Bellemare enlèvent et occupent fortement la ferme de Groslay après une courte fusillade.

Des travaux sont commencés par le génie pour relier le chemin de fer à la ferme de Groslay.

Vers midi, les troupes de l'amiral La Roncière ne pouvant réussir à enlever le Bourget, l'artillerie de la division Bertaut et une partie des réserves du 2ᵉ corps se portent entre Drancy et la route de Flandres et canonnent ce village tout en répondant, de concert avec l'artillerie du 2ᵉ corps et les pièces de position, aux feux incessants de l'ennemi.

L'attaque par le sud sur le Bourget est imminente... mais un ordre du gouverneur de Paris, qui, du fort d'Aubervilliers, dirige cette affaire, vient arrêter le mouvement et l'action se borne à une violente canonnade qui dure jusqu'à cinq heures.

Les troupes sont placées ainsi qu'il suit :

2ᵉ brigade, division Susbielle du 1ᵉʳ corps, postée de grand'garde à la croix de Flandres ;

1ʳᵉ brigade campée en avant du fort d'Aubervilliers ;

Division Bertaut en arrière des tranchées qui s'étendent du fort d'Aubervilliers à la route des Petits-Ponts;

Division Courty, en arrière du fort d'Aubervilliers;

Division de Bellemare à Bondy.

Pendant la retraite, la brigade Colonieu, de cette division, a repoussé vigoureusement une attaque d'infanterie ennemie.

La brigade Reille en réserve.

Réserve générale d'artillerie à Noisy et Pantin.

Le grand quartier général au fort de Noisy.

**

Voici le premier rapport remis au général en chef le soir même de cette affaire, par le capitaine Benoît-Champy :

« Mon général,

« Suivant vos ordres, je suis venu coucher à Noisy-le-Sec et je me suis porté ce matin à Bobigny. Mon effectif était de 115 cavaliers. Le premier peloton a exécuté une reconnaissance sur la lisière de la forêt de Bondy à la ferme de Nonneville. Une batterie, établie sur le chemin de fer, nous a envoyé quelques obus et le peloton a été salué à la ferme, par un feu bien nourri.

» Je n'ai que deux chevaux blessés et aucun homme atteint. Le reste de l'escadron est rentré au Drancy, avec les dragons et les gendarmes, et a dû rétrograder sur la fin de la journée, devant les obus, près de Bobigny.

» Suivant vos ordres, j'ai été camper à Aubervilliers.

« *Signé* : BENOIT-CHAMPY. »

Les noms qui suivent sont ceux des cavaliers

du premier peloton qui, sous les ordres du commandant Favrot, ont fourni la brillante reconnsissance du matin.

Commandant Favrot ;
Joly de Marval, adjudant-major ;
Sous-lieutenant, de la Barthe ;
Maréchal des logis, Paillard ;
Brigadiers, Crémieux, Robert, Speneu ;
Eclaireurs : Rodrigues, de Bully, Rostang, Malrou (trompette), Carriès, Soup, Guérin, Bob, de La Rochefoucault, Lecontre, Maunier, Grimont, Saran, Delahaut, Lheman (garde national), seul d'un peloton qui était venu au Drancy...

22 DÉCEMBRE

Les divisions se rapprochent, dans la journée, du fort d'Aubervilliers, où se tiennent en permanence les généraux Trochu et Ducrot. (Les rapports et les interrogatoires des prisonniers indiquent au gouvernement qu'une attaque est imminente pour le 25, jour de Noël. Les journaux et les lettres, pris sur les Prussiens, font un tableau navrant de notre situation en province....)

Malgré le froid, les troupes de tranchée travaillent activement.

Dans la nuit plus de six cents cas de congélation sont signalés. Dix degrés au-dessous de zéro !...

23 DÉCEMBRE

Grandes précautions militaires, piquets d'artillerie attelés à Bondy, à Bobigny, à la Folie. Froid noir.

24 DÉCEMBRE

Avant le jour, toutes les troupes sont sous les

armes, chevaux sellés, batteries prêtes à marcher.

A six heures, les gardes de tranchée sont relevées.

A deux heures, les troupes rentrent dans leurs cantonnements, l'ennemi n'ayant fait aucune démonstration.

On améliore les batteries de tranchée.

*

24 décembre 1870.

ORDRE

« L'escadron Franchetti rentre à Paris et fournira chaque jour un demi-peloton aux ordres du général en chef.

« Commandant FAVROT. »

Le temps étant devenu trop glacial, les chevaux ne tiennent plus, et, la défensive étant ordonnée, l'escadron rentre au quartier de l'Alma, anciennes écuries de l'Empereur.

Chaque jour, un demi-peloton va relever celui qui reste avec le général aux Lilas ou à Aubervilliers.

D'après les avis et les lettres, les généraux prussiens avaient promis à leurs troupes (qui se lassaient d'attendre) l'entrée à Paris pour la Noël !

25 DÉCEMBRE

A sept heures, toutes les troupes prennent les armes et se portent en avant sur leurs positions de combat. L'ennemi ne paraissant pas, l'armée reprend ses cantonnements à onze heures.

Le froid durcit la terre au point d'arrêter tout travail d'épaulements.

26 DÉCEMBRE

A six heures du matin, les troupes de tranchée sont relevées. Les divisions prennent les armes sur les emplacements désignés en cas d'attaque. De midi à quatre heures, suspension de feux pour le Bourget seulement afin d'enterrer les morts.

27 DÉCEMBRE
(PREMIER JOUR DU BOMBARDEMENT)

Le gouverneur de Paris refuse une suspension d'armes demandée par l'ennemi pour parlementer. Dès le matin, l'ennemi a démasqué douze batteries de grosses pièces, qui bombardent Nogent, Rosny, Noisy-le-sec et le plateau d'Avron

Nous joignons à nos notes le rapport du capitaine de Rivoire, du 7ᵉ bataillon des mobiles de la Seine, chargé de l'occupation du plateau d'Avron, depuis le 29 novembre jusqu' au 29 décembre :

« Ce fut entre huit et neuf du soir, par une nuit profonde qu'on nous dirigea, sans bruit, de Rosny vers le plateau d'Avron. Nous devions l'occuper à la faveur des ténèbres, et le lendemain, au point du jour, pendant que commencerait l'attaque sur la Marne, descendre dans Villemonble, puis escalader les rampes du Raincy et nous emparer du plateau de Montfermeil. C'était peut-être la manœuvre la plus intelligemment conçue de tout le siége et la plus facile à exécuter. Maîtres du Raincy et avec quelques coups de pioche, nous nous établissions d'une manière formidable dans les bois de Montfermeil, sous le canon des forts de Nogent, de Rosny et du plateau d'Avron, de manière à couper toutes les communications de l'ennemi du côté de l'Est, d'où il tirait son matériel et ses approvisionnements.

Grâce à l'attaque du général Ducrot sur notre droite, les Prussiens, obligés de dégarnir le Raincy, ne pouvaient plus nous opposer qu'une faible résistance.

Dans la nuit, le général Trochu envoya l'ordre de suspendre le mouvement, et nous dûmes nous borner à geler sur les hauteurs d'Avron, en face des quelques Prussiens cantonnés au Raincy qui ne comprenaient rien à notre apparition d'abord, à notre immobilité ensuite.

Ce fut notre rôle pendant un mois, rôle assombri par un froid de 15 à 18 degrés sous des baraques à demi effondrées ou nos simples tentes-abri, et égayé par cinq ou six alertes, sans autre résultat que des hommes tués dans la tranchée et des grand'gardes accompagnées de prudentes reconnaissances, dont on ne tenait nul compte.

Le poste, occupé par la grand'garde de mon bataillon, avait été porté successivement jusque dans Villemomble même, à quelques centaines de mètres des Prussiens, dont nous entendions le bruit des voix et dont nous apercevions distinctement la moindre émotion... Les arêtes du plateau, couvertes d'arbres ou de maisons, se détachaient au-dessus et l'on y découvrait, avec non moins de facilité, tout ce qui s'y passait.

Les premières grand'gardes reconnurent bientôt des mouvements et des bruits inusités pendant la nuit. Puis ces bruits et ces mouvements se régularisèrent. Dès la troisième ou quatrième nuit, on distinguait des coups de pioche et de maillet, des coups de hache; on creusait la terre, on la rejetait en talus ; on sciait des arbres, on équarrissait des branches... Puis, au jour, tout cela se taisait, on n'entendait plus rien que quelques coups de fusil tirés çà et là sur nos maraudeurs, et l'on n'apercevait que les sentinelles ennemies, droites et fixes, à leur poste.

Nul doute, ces travaux nocturnes, cette agitation commençant avec l'obscurité pour finir à la lumière, ces bruits sourds de roues et de voitures sur le sol gelé, tout cela indiquait des batteries dont on poussait activement la construction sur la crête du plateau et dont on cherchait à nous dissimuler l'existence.

Chacun de nos rapports de grand'gardes dénonçait un redoublement de travail. Nous en étions venus à préciser les points espacés sur lesquels on verrait, à un moment donné, paraître les gueules des canons! Vains avertissements!..

« Vos officiers de la garde mobile, disait le
» colonel Stoffel, sont des visionnaires. Ils pren-
» nent le bruit des soldats coupant du bois pour
» se chauffer, pour la préparation de travaux
» auxquels ils ne connaissent rien. Il n'y a que
» nos *vieilles oreilles d'artilleur qui ne s'y trom-*
» *pent pas.* Qu'ils se tranquillisent! Ce n'est rien,
» absolument rien!... Jamais l'ennemi n'oserait
» élever ses batteries si près des nôtres. »

Et ce fut ainsi jusqu'au 27 décembre. Vainement demandions-nous, au moins, à pousser des reconnaissances pour éclaircir nos soupçons, on nous menaçait des arrêts.

Enfin, le 27 décembre à onze heures du matin, c'était mon tour de prendre la grand'garde. J'arrive avec ma compagnie, je relève le poste précédent et je m'installe. Dans le jour, rien d'insolite, si ce n'est peut-être un bruit de voitures plus accentué derrière le plateau d'en face et plus de rigueur dans l'attitude des sentinelles ennemies qui envoient impitoyablement des balles à tout ce qui se montre. Puis le soir arrive. Cette fois, le bruit redouble. L'air était glacial, mais d'une pureté qui permettait aux moindres sons d'arriver jusqu'à nous. Je me glisse près des lignes ennemies. J'entends parler: je vois des lumières à demi cachées aller et venir; on décharge des projectiles; l'un d'eux même, mal manié, roule sur le pied d'un soldat, qui jure en bon allemand. Il n'y a plus à douter, les canons sont prêts. J'envoie prévenir à la hâte; *on ne me répond même pas!..* Et le lendemain, 28 décembre, à sept heures et demie précises du matin, le premier obus prussien passait sur nos têtes!...

Ce fut alors, des deux côtés, une canonnade sans relâche. Laissé avec mes hommes, sans être relevé, au poste que j'avais pris la veille, dans le creux de ce vallon de Villemomble qui sépare les deux plateaux, j'entendais cette pluie de fer déchirer l'air à quelques centaines de pieds au-dessus de moi. Mais je n'étais pas destiné à de longues et oisives observations.

A onze heures du matin, j'étais attaqué par une première colonne d'infanterie ennemie qui voulait, je crois, reconnaître surtout si les abords du plateau étaient gardés et de quelle façon on entendait s'y maintenir. Au bout d'une demi-heure, l'ennemi se retirait devant l'énergique résistance opposée par le 7e mobile de la Seine. Pareille attaque se renouvela dans la même journée et deux fois dans la nuit, sans plus de succès. Nous ne dormîmes guère, ce 28 décembre!

Sur la droite qu'occupait un autre poste de garde mobile, l'ennemi n'était pas plus heureux. Il fallait donc qu'il renonçât à toute attaque de vive force. Son plan était changé.

Le lendemain, 29 décembre, notre feu, sur le plateau, était à peu près éteint!... Les canons prussiens, seuls, parlaient... Mais, quel langage!... Tout à coup, les obus commencent à tomber autour de ce poste que je n'avais pas quitté... Pendant une heure et demie, ils labourent le sol aux environs. On voit qu'ils cherchent la maison... Nous attendons!... Tout mon monde était debout rangé derrière le mur, du côté opposé à celui d'où venait le feu. Enfin, le premier obus éclate autour de nous. Deux hommes atteints légèrement !... Je dirige ma troupe en avant, plus près de l'ennemi ; puis un second obus, puis trois, puis quatre, etc., etc.

La maison qui nous abritait, cinq minutes avant, est anéantie. Je poursuis mon mouvement en me rapprochant de l'ennemi, à la faveur d'un mur qui dérobe notre marche... Le feu continue ; tout le terrain aux environs, et surtout le long de la ligne que nous aurions dû suivre si nous étions rentrés au camp, tout est jonché d'éclats d'obus dont à peine quelques-uns viennent mourir jusqu'à nous ; et dans ce feu d'enfer, grâce à mon stratagème, j'ai le bonheur de n'avoir que six blessés. Ce jour-là, nous ne vîmes pas une baïonnette de l'infanterie prussienne : l'artillerie seule était en jeu. Et quand la nuit fut venue, relevé enfin, au bout de trois jours et de deux nuits que j'avais passés sans recevoir un ordre, un avis, sans voir un officier supérieur, je regagnai, avec mes pauvres hommes épuisés, les hauteurs de ce plateau dont on commençait déjà l'évacuation.

Le lendemain, il n'y restait plus personne. Tout le matériel, sauf deux canons aux affûts brisés, en avait été enlevé, et le jour n'éclaira plus que la solitude du plateau d'Avron. Mais l'ennemi ignorant son abandon, continua à le canonner et ce ne fut qu'au soir qu'il essaya de s'y risquer, mais sans chercher à s'y maintenir !...

**

En effet, le feu le plus violent est dirigé sur le plateau d'Avron par les trois batteries du Raincy, armées de dix-huit canons Krupp..

La division de Bellemare est mise à la disposition du général d'Hugues, pour contribuer à la défense du plateau d'Avron.

La 2º armée se rapproche du fort d'Aubervilliers.

La division Courty est envoyée à Romainville à la disposition du général Vinoy.

**

Le *Journal officiel* publie ce décret concernant l'escadron des éclaireurs Franchetti.

Ministère de la Justice

ENREGISTRÉ
le 16 décembre 1870.

République française.

Le gouvernement de la Défense nationale, considérant que le corps des éclaireurs à cheval, autorisé par l'arrêté du ministère de l'intérieur du 25 août dernier, est détaché de la garde sédentaire dont il continue à faire partie;

Considérant que par cet arrêté l'escadron ne s'engageait à réclamer ni solde, ni indemnité; mais que la prolongation imprévue du siége a imposé des sacrifices considérables à ceux des cavaliers qui ont pourvu aux frais dès l'organisation de ce corps; que déjà la solde lui a été fournie par le ministère de la guerre;

Que depuis le commencement des opérations militaires, ce corps a rendu plusieurs fois des services réels; que plusieurs fois il a mérité l'honneur de la mise à l'ordre du jour; qu'enfin il vient de recevoir son ordre d'entrée en campagne, l'attachant spécialement comme guides à l'une des armées de Paris;

DÉCRÈTE :

Il est alloué au corps des Eclaireurs de la Seine

une indemnité en remboursement de dépenses justifiées.

Fait à Paris, le 27 décembre 1870.

Signé : GÉNÉRAL TROCHU, JULES FAVRE, ERNEST PICARD, EMMANUEL ARAGO, JULES FERRY, GARNIER-PAGÈS, JULES SIMON, EUGÈNE PELLETAN.

28 DÉCEMBRE

Toute la nuit le bombardement a continué; il a redoublé d'intensité au point du jour.

Le plateau d'Avron devient intenable.

Les troupes massées en arrière des forts sont prêtes à repousser une attaque de vive force.

Quelques dégâts matériels sont causés par le feu de l'ennemi. Peu de tués et de blessés.

Qu'il nous soit permis d'intervaler trois dépêches significatives envoyées par le général Vinoy au général Ducrot, au fort d'Aubervilliers, le 28 décembre.

11 heures du matin.

« Ennemi démasque deux nouvelles batteries, 6ᵉ mobile de la Seine a perdu tout son état-major.

Midi.

Bombardemément continue avec extrême violence. — Moral des troupes faiblit.

1 heure.

Dépêche aussi inquiète (dont nous n'avons pas le texte

Le général Ducrot fait ouvrir la fenêtre du fort afin de surveiller lui-même les mouvements de troupes.

2 heures (4ᵉ dépêche).

Nos batteries réduites au silence, suis forcé d'évacuer plateau, mouvement infanterie prussienne, *je vous demande votre appui.*

GÉNÉRAL VINOY.

— Enfin ! s'écrie Ducrot, qui fait porter en avant les troupes concentrées sous les forts, de façon à secourir le général Vinoy.

Le lendemain de l'évacuation du plateau d'Avron, le général Vinoy écrivit une lettre (1) de sincère gratitude à son ancien général en chef dans laquelle il lui rendait *enfin* justice.

29 DÉCEMBRE

Le bombardement continue sans interruption. Malgré le feu, le plateau d'Avron est évacué en matériel et personnel.

L'ennemi couvre d'obus les villages de Bondy et de Rosny, où on ne laisse plus que six bataillons en grand'gardes.

Nos forts reçoivent l'ordre de ne pas répondre au feu de l'ennemi que nos canons ne peuvent atteindre.

On décide la construction d'une grande batterie armée de pièces de marine, entre les forts de Noisy et de Rosny.

On est obligé d'abandonner les bâtiments du

---

(1) Le général Vinoy n'a pas cru devoir faire figurer cette lettre ni ces dépêches dans son livre si « passionné » sur le siège de Paris. — Pourquoi ?

fort de Rosny qui souffrent trop du feu des canons Krupp.

30 DÉCEMBRE

Le régiment de gendarmerie à cheval quitte Pantin pour rentrer à Clichy.

Le bombardement est incessant. Quelques obus arrivent à Noisy-le-Sec. Bondy est à peu près détruit, le village de Rosny reçoit de nombreux boulets.

31 DÉCEMBRE

Le bombardement est moins violent, mais dans la matinée l'ennemi ouvre le feu sur Drancy. Très peu de blessés.

Le grand quartier général est porté aux Lilas.

* *

Bien triste ce dernier jour de 1870, et, nous pouvons l'avouer, plus pénible à supporter que les autres. Tout le reste, on le souffrait en gens déterminés à faire bonne contenance devant les dangers et les malheurs... Mais quel supplice, quelle épreuve terrible, cet isolement cruel en pareil jour, ce manque absolu de nouvelles de tous ceux qui nous étaient chers! Voilà de ces tristesses que la plus grande philosophie est impuissante à consoler.

Et ceux qui avaient demandé la permission d'aller terminer l'année fatale à Paris revenaient bien vite au bivouac plutôt que de s'asseoir la mort au cœur devant leur foyer vide !

Tandis que l'ennemi nous bombardait sans interruption et se déployait dans la plaine de Bondy comme pour jouir de sa cruauté... on se serrait tristement la main aux avant-postes, et les généraux recevaient les hommages de leurs officiers.

CHAPITRE V

La maison Crochard.

Située entre le parc Masséna et le château de Buzenval, la maison Crochard, petite villa en briques rouges, était devenue, à la fin de décembre, le poste le plus avancé de notre armée; en outre, par sa position, il permettait de voir les mouvements ennemis du côté de la Jonchères et au-delà, jusqu'à l'aqueduc de Marly.

Vu la proximité de l'ennemi, on pouvait, de là, non-seulement inspecter ses travaux, mais les entendre distinctement. Avec une incroyable persistance ces travaux se poursuivaient nuit et jour. Le froid le plus extrême, non plus que la nuit sombre, ne les interrompaient jamais. Aussi, le commandant de La Rochetulon, dans ses rapports, prévoyait-il, qu'une sortie sur Versailles serait désormais impossible à effectuer. Pour débusquer l'ennemi de ses positions de la Jonchères à la Bergerie, il eût fallu faire un siége en règle, et nous ne pouvions pas plus franchir en un jour les retranchements prussiens, que l'ennemi ne pouvait en un jour emporter les nôtres.

Étant à portée de fusil de Buzenval, il y avait un fréquent échange de balles, souvent même l'ennemi tentait des attaques nocturnes pour débusquer nos avant-postes de la maison Crochard. Les Prussiens avaient établi contre nous plusieurs fusils de rempart, dont les décharges répétées étaient fort gênantes. Le lieutenant Pierre de Montaigu (1) fut un jour blessé en regardant par-dessus le mur de la maison, sans qu'aucune détonation eût été entendue par nous. Bien souvent, par un vent contraire, les balles arrivaient sans bruit. C'est ainsi que je m'expliquai les histoires de fusils à vent et de poudre silencieuse dont les journalistes et les gardes nationaux faisaient alors des récits quotidiens.

Vers les premiers jours de janvier, les Prussiens commencèrent un bombardement régulier de nos avancées.

Une batterie arrivait au galop, prenait position à la Jonchères, envoyait une vingtaine d'obus et disparaissait aussi rapidement qu'elle était venue. Trop souvent l'artillerie française ne lui répondait... qu'après son départ.

L'incroyable mensonge dont vivait le peuple de Paris avait fait croire, même au préfet de police que par Rueil on pouvait entrer en rapports avec l'ennemi.

Les francs-tireurs, dont beaucoup devaient figurer plus tard dans les rangs de l'émeute, avaient répandu ces bruits à dessein. Leur espoir était de faire évacuer Rueil, pour le piller à leur aise comme ils l'avaient fait de toutes les localités abandonnées.

Il fallut l'intervention du général Noël, commandant le Mont-Valérien, et une sévère punition infligée au chef de certaines bandes armées, pour protéger les courageux citoyens restés à Rueil et qui, au péril de leur vie, recueillaient et soignaient les blessés, en procurant aux troupes

---

(1) Des mobiles-éclaireurs du Loiret, sous les ordres du vaillant comte de la Rochetulon.

toutes les ressources et les renseignements possibles.

Un beau soir, trois agents de police français arrivèrent donc aux avant-postes. Ils avaient mission de tenter, par l'intermédiaire des *femmes légères* de Rueil, à se procurer quelques journaux allemands où on comptait trouver des nouvelles de province, — les grands froids ayant arrêté les dépêches par pigeon.

Je suis loin de méconnaître le courage des Prussiens, mais je ne crois pas qu'aucun d'entre eux eût osé affronter le tête-à-tête du beau sexe resté aux avant-postes. Aussi, malgré leur habileté et leur hardiesse, les agents de M. Cresson récoltèrent quelques balles, mais pas un renseignement.

Après l'incendie de Saint-Cloud, les Prussiens se retirèrent derrière leur ligne primitive d'investissement et sans être aucunement inquiété par eux l'escadron Franchetti pût traverser Rueil et visiter quotidiennement quelques-uns des habitants, afin d'obtenir de précieux renseignements.

**

Lorsque la deuxième armée fut dirigée sur l'Est, l'escadron Franchetti quitta les avant-postes de la Seine pour ceux de la Marne et campa auprès de Nogent.

La presqu'île de Gennevilliers était hérissée de redoutes, gardées par des troupes régulières. Le moulin des Gibets était devenu un ouvrage avancé, relié très solidement par une tranchée au Mont-Valérien. Ce fut la compagnie des mobiles du Loiret, si énergiquement commandée par le comte de la Rochetulon, qui fut chargée d'occuper fortement la Fouilleuse que l'on avait reliée par des travaux de terrassements au carrefour du Roi et au moulin Brûlé.

Ces travaux, exécutés la nuit par un froid glacial, où sous peine d'une surprise il fallait poster dans les plaines un grand nombre de vedettes, éprouvèrent cruellement les volontaires francs-tireurs qui, placés à proximité de Buzenval, étaient pour ainsi dire dans la ligne prussienne.

Obéissant à la folie mensongère qui régnait dans l'opinion publique, on expédiait parfois aux commandants des avant-postes de singuliers ordres. Le 14 décembre, un ordre spécial fut envoyé de Paris prescrivant d'ordonner aux sentinelles de prêter toute la journée une oreille attentive, « parce que le gouvernement avait des raisons de croire que ce jour-là l'armée de secours devait livrer un combat près de Versailles. »

Cet ordre ressemblait un peu à celui qui parvint un soir au commandant de Rueil : on lui recommandait de prêter secours aux ballons qui descendraient de province dans la plaine de la Fouilleuse.

Vers le milieu de décembre, les Prussiens voulurent incendier la maison Crochard. Les francs-tireurs du Loiret quittèrent alors la Fouilleuse et vinrent s'installer à la maison déjà enduite de pétrole et enflammée. Le feu y avait heureusement mal pris; on étaya les plafonds avec des poutres et la maison reste debout. Deux petites chambres seulement étaient intactes au premier étage. Au moyen d'abattis et de tranchées, ce poste avancé fut fortifié et on donna pour soutien aux mobiles-volontaires une trentaine d'hommes qui, sous le nom de tirailleurs de l'Aisne, firent courageusement leur devoir.

Lorsque que vint le triste jour de la rentrée à Paris, au lieu de faire cantonner les troupes soit dans la banlieue, soit au bois de Boulogne, afin de les isoler du contact si malsain de la population parisienne, on les lâcha disséminés chez l'habitant, et bientôt il n'y eut plus ni discipline possible, ni même respect pour les chefs ! Dès-lors, une insurrection était facile à prévoir le jour où l'on voudrait désarmer ces soldats improvisés ! L'émeute préparée de longue main devait éclater. Le commandant de Larochetulon signala un tel danger aux négociateurs de l'armistice, mais on n'en tint pas compte.

La maison Crochard fut occupée le 19 janvier au soir par le général Ducrot qui y passa toute la nuit avec son état-major. On verra, dans notre relation de cette terrible journée, que les Prussiens auraient pu facilement anéantir ce poste avancé où tous les officiers de l'état-major de la 2ᵉ armée passèrent la nuit du 19 au 20 janvier !

Le 20 janvier, les Bavarois, étonnés du silence, envoyèrent dès neuf heures du matin un parlementaire au commandant Larochetulon, qui occupait la tranchée établie devant la maison Crochard, avec ses mobiles et trois compagnies du 42ᵉ de ligne. Une suspension d'armes de trente-six heures fut réglée pour l'enterrement des morts.

Jusqu'au jour de l'armistice, l'ennemi continua à couvrir la maison Crochard d'une averse d'obus...

Les volontaires-mobiles du Loiret, dont l'effectif était de cent hommes aux premiers jours, rentrèrent-ils à Paris au nombre de ONZE, le 24 janvier. Ceux qui manquaient à l'appel étaient à l'hôpital; les autres étaient morts ! Mais Rueil et les châteaux environnants avaient été préservés d'un pillage certain par les valeureux hôtes de la maison Crochard !

CHAPITRE VI

JANVIER 1871

Bombardement de Paris. — Bataille de Buzenval. — Ordre du jour. — Convention qui met fin aux hostilités. — Licenciement de l'escadron Franchetti.

1ᵉʳ JANVIER

Vers une heure, le bombardement s'arrête. La physionomie de Paris est calme et résignée. (On croit que Bourbaki va opérer une diversion puissante dans l'Est ! ! ! On dit que Chanzy est à Chartres ! ! ! et Faidherbe à Chantilly ! ! ! le froid empêche les pigeons d'arriver.) Le pain et la viande de cheval sont rationnés ! On envoie, comme cadeau d'étrennes, des sacs... de pommes de terre en guise de marrons glacés.

***

L'abaissement de la température, l'absence de nouvelles, l'accroissement de la mortalité et le bombardement influent singulièrement sur le moral des troupes.

La discipline, elle-même, décroît d'une manière inquiétante, et les généraux sont convoqués en conseil de guerre chez le général en chef, à la suite des tentatives tumultueuse signalées à la porte de Vincennes. Le rapport ci-joint indique la gravité de la situation.

1er Secteur.   Paris, 1er janvier 1871.

BERCY

« Mon cher général,

» Un grand nombre d'hommes, appartenant aux différents corps de l'armée, se présentent sans permission à la porte de Vincennes avec l'intention bien arrêtée de pénétrer dans Paris ; conformément aux ordres qu'ils ont reçus, les gardes nationaux de service font tout leur possible pour les empêcher de passer, mais ces militaires se réunissent, et quand ils sont en nombre suffisant ils forcent le passage.

» C'est ainsi que tout à l'heure, plus de cinq cents d'entre eux, se ruant sur les hommes de garde, ont forcé la porte.

» Dans ce mouvement, un caporal de la garde nationale a été renversé, foulé aux pieds, écrasé au point qu'il vient de *succomber*.

» J'appelle toute votre attention sur ces faits, afin que vous puissiez prendre telle mesure que vous jugerez convenable, pour empêcher les militaires de se réunir sur les glacis de l'enceinte.

» Veuillez agréer, etc.

Général de division, commandant le 1er secteur,

DE BAROLET.

2 JANVIER

Vers le Point-du-Jour, reprise du bombardement. Les obus arrivent jusqu'à Fontenay et Montreuil.

La ferme de Groslay est couverte de projectiles. Malgré cette intensité, très peu d'hommes sont atteints, mais les dommages matériels deviennent considérables.

3 JANVIER

Brillante reconnaissance des éclaireurs Poulizac et des éclaireurs Franchetti, en avant de la ferme de Groslay. Six prisonniers, appartenant à la garde royale, sont ramenés au grand quartier.

Rosny et Bondy souffrent toujours beaucoup du feu des Krupp. Ces villages sont intenables, toute l'artillerie en est retirée ; ils sont gardés par des troupes d'observation.

4 JANVIER

Le bombardement diminue sur l'est de Paris, mais l'ennemi ouvre le feu sur les forts du Sud et les premiers obus arrivent dans Paris. Le Panthéon, les Invalides, le Pont-d'Iéna, sont les objectifs présumés des pointeurs prussiens.

5 JANVIER

Mêmes objectifs de l'ennemi depuis deux jours. Les projectiles prussiens font plus de bruit que de mal, mais les monuments de Paris sont frappés.

6 JANVIER

Le feu continue sur le sud à raison de trente coups par heure durant la nuit. Le matin, il redouble d'intensité et un grand nombre d'obus arrivent en ville, où ils causent certains dégats.

La population est calme. Le nombre des victimes est heureusement — fort restreint — il s'est élevé pour toute la durée du bombardement au chiffre de 375 personnes atteintes :

Tués : 31 enfants, 23 femmes, 43 hommes ; — blessés : 36 enfants, 90 femmes, 152 hommes.

Total des tués et blessés : **375**.

6 JANVIER

Petite attaque sur Bondy par des tirailleurs ennemis en patrouille. Ils sont repoussés après avoir essuyé quelques pertes.

Bombardement lent à l'Est, très vif au sud de Paris. Les obus arrivent en grand nombre dans la ville. Mais les dégâts sont peu considérables. Peu de personnes atteintes, grâce aux mesures prises. La circulation est interdite.

Le travail des tranchées est repris par suite d'une température plus favorable.

7 JANVIER

Dans la matinée, l'ennemi a redoublé le bombardement sur Drancy et Bondy, de manière à rendre ces deux villages inhabitables ; mais ce feu produit peu de dégâts. Dans la journée, les forts de Noisy, Bondy, Romainville et les batteries nouvelles, établies entre les forts, ouvrent leur feu sur les batteries prussiennes, qui finissent par se taire. Le général ordonne alors de cesser le tir.

Vers huit heures, un obus tombe dans le village de Romainville et blesse trois hommes malades dans la chambre.

*

Le commandant Favrot, aide-de-camp du général Ducrot, envoie l'ordre suivant aux éclaireurs : ·

Mon cher capitaine,

Vous amènerez cette nuit, aux Lilas, le premier peloton. On doit tenter une attaque sur les avant-postes ennemis...

FAVROT.

Cette attaque faite simultanément avec les éclaireurs Poulizac, avait pour objectif un poste avancé situé sur le chemin de fer de Soissons. Vers minuit, on a surpris le poste qui a *refusé de se rendre*. Le génie a tracé une ligne circulaire de dynamite sur les murs de la maison où le poste se barricadait. Dès que le feu a été mis à la dynamite la muraille s'est écroulée instantanément comme coupée au couteau. Quatre Prussiens tués, deux prisonniers.

9 JANVIER

Toujours même situation. Le bombardement plus faible à l'est est des plus intenses au sud. Les faubourgs de Montrouge, de Grenelle et de Vaugirard sont criblés de projectiles. La population est admirable de courage.

Le travail des tranchées continue. Le terrain est toujours très dur par la gelée. Le fort de Montrouge est sérieusement endommagé.

10 JANVIER

Dans la nuit, une reconnaissance faite par les éclaireurs Franchetti et les éclaireurs Poulizac, sur le chemin de fer de Soissons et la ferme de Groslay, occupe encore deux maisons qui sont détruites par la dynamite. On rapporte les casques et couvertures des Prussiens qui ont eu le temps de fuir. Une troisième reconnaissance de francs-tireurs de la réserve sous les ordres du commandant Delasse s'empare de deux Saxons.

Sur le plateau d'Avron, une reconnaissance de la division Bellemare ne rencontre personne.

Le bombardement continue faiblement sur les forts de l'est, mais toujours très intense sur le sud, et la ville (rive gauche) reçoit des obus jusqu'à la Seine. Quelques victimes sont frappées rue du Bac et rue de Rennes.

L'artillerie ennemie a pour objectifs à l'est la ferme de Groslay, Drancy et Bondy.

Le quartier de l'Odéon commence à souffrir du bombardement. Peu de blessés.

11 JANVIER

Rien de particulier en dehors des incidents ordinaires. C'est toujours le sud de Paris qui reçoit le plus de projectiles. Le feu redouble pendant la nuit.

12 JANVIER

Dans la nuit, reconnaissance opérée par les zouaves sur le plateau Avron. Ils ramènent cinq prisonniers au quartier du général de Bellemare.

Le bombardement augmente dans de grandes proportions contre les forts de Nogent et de Rosny et la redoute de la Boissière où sont tués le commandant Odiardi, du 136e, qui commandait le bataillon de garde et quelques hommes.

Le commandant a été atteint pendant son sommeil, dans un abri où il s'était placé.

L'ennemi a travaillé sur les pentes du plateau d'Avron pendant qu'il bombardait nos forts de l'est et du sud.

Le *service* des bataillons de marche de la garde nationale laisse à désirer.

13 JANVIER

L'ordre suivant est affiché au quartier de l'Alma :

. . . .

« Nos éclaireurs ont bien marché dans la petite affaire de cette nuit. On a été très content d'eux comme toujours. Froid glacial, 8 degrés !!

« FAVROT,

» Aide de camp du général Ducrot, commandant supérieur des éclaireurs du quartier-général. »

Cette opération nocturne fut la même que celle du 8, mais dirigée contre les avant-postes ennemis entre Bondy et la ferme de Nonneville.

Le fort d'Issy est à moitié détruit par les projectiles ennemis.

14 JANVIER

Hier, à dix heures du soir, une forte patrouille prussienne s'est avancée pour inquiéter nos travaux près la suifferie, sur la route de Flandres.

Prévenu par les sentinelles avancées, l'officier du génie qui dirigeait les travailleurs leur fit momentanément abandonner leur ouvrage pour les conduire dans les tranchées en arrière.

Les troupes de ligne qui garnissaient avec la garde nationale les tranchées à droite et à gauche ouvrirent le feu qui devint de part et d'autre très vif.

Les Prussiens se replient protégés d'une part par des pièces de campagne amenées sur la ligne du chemin de fer de Soissons et par les pièces de siége situées du côté de Dugny et dont les obus étaient pointés cantre nos tranchées, la barricade de la route de Flandres et la suifferie; d'autre part, par un feu de mousqueterie très violent, provenant des troupes royales qui occupaient le Bourget.

Malgré la violence du feu, nous n'avons eu que quatre blessés et un officier contusionné.

Cette première attaque dura une demi-heure environ. Mais à deux autres reprises, vers onze heures et à onze heures et demie, l'ennemi, craignant très probablement une attaque, recommence la fusillade, chaque fois pendant quelques minutes.

A minuit tout était terminé.

Le feu d'Aubervilliers et de la batterie de la croix de Flandres, sur le Bourget, ont puissamment contribué à arrêter les efforts des Prussiens, qui espéraient nous surprendre.

La brume étant très intense, le feu cesse complétement, après deux heures de combat d'artillerie entre les forts de Rosny, Noisy, Nogent et les batteries Krupp de l'ennemi.

15 JANVIER

Dans la nuit, de fortes reconnaissances sont envoyées en avant de toute notre ligne de l'Est.

Vers la gauche, les éclaireurs du commandant Poulizac (M. et Mme de Kergaleck en tête), partis vers une heure du matin, se portent vers le chemin de fer de Soissons et la ferme de Mosmeville.

Cette opération ne produit aucun résultat, les avant-postes ennemis ayant donné l'éveil trop tôt pour que le but puisse être atteint.

Les troupes du colonel Reille ont fait une reconnaissance, très bien conduite, en avant de Bondy et de Merlan. Elles étaient disposées en trois colonnes : celle de gauche, sous les ordres du commandant de Peslonau, se dirigea vers les deux petites Maisons blanches et la Maison grise, en avant de Bondy ; parvenue à ces maisons malgré la fusillade, elle a essayé de les faire sauter par la dynamite, mais n'a pu y réussir. La colonne du centre, commandant Barbe, et la colonne de droite, commandant de Foucault, se portent par les bois vers la maison dite de Mayeux, y surprennent un poste saxon et font trois prisonniers.

Vers la droite, deux colonnes se portent sur le plateau d'Avron, l'une par le nord vers Villemonble, l'autre par les pentes sud-ouest, la première sous les ordres du colonel Comte, formée de deux bataillons de francs-tireurs, quelques sapeurs et artilleurs, et un petit détachement de marins fait sauter une portion des murs du parc de Beau-Séjour. La fusillade et les batteries de Drancy et Gagny leur tue un homme et en blessent quatre. La seconde colonne, sous les ordres du colonel de Conchy, aborde le plateau par le Sud, et ne rencontre personne ; mais, à l'extrême droite, une compagnie rencontre une patrouille ennemie à Neuilly-sur-Marne, et fait un prisonnier.

Dans la journée, le bombardement des forts de l'Est et des villages de Bondy, Drancy, etc., est moins violent.

Il redouble d'intensité sur les forts du Sud et la partie avoisinante de la ville.

Quatre mille travailleurs sont envoyés la nuit au fort d'Issy, pour réparer les dommages du bombardement.

16 JANVIER

Vers dix heures du soir, une assez vive fusillade s'engage en avant du Bourget entre les grand'-gardes et une forte reconnaissance prussienne, qui est vigoureusement repoussée ; la fusillade dure environ une heure.

Vers deux heures du matin, autre alerte du côté de Drancy, Bondy et Rosny, au moyen de pièces à petit calibre, l'ennemi tire violemment sur ces positions.

Dans la journée, rien de remarquable. Le bombardement ne discontinue plus, et nos batteries ripostent assez vigoureusement.

Les troupes avaient dû rester dans l'inaction.

17 JANVIER

Le feu ennemi, sans cesser complétement, s'est ralenti cette nuit.

Le froid, très intense depuis quinze jours, devient moins rigoureux.

A dix heures, après la soupe du matin, les divisions Susbielle et Berthaut, vont s'établir à Clichy, Saint-Ouen et Asnières. La division de Bellemare part à une heure pour Courbevoie. Chacune de ces divisions emmène une compagnie de génie auxiliaire.

Dix batteries d'artillerie de 12, 8 7. Les mitrailleuses partent également, et vont à Asnières et à la Garenne.

Ces divisions, qui n'emmènent que les disponibles, ont avec elles 12 à 1,500 outils.

Le vent du sud permet aux pigeons voyageurs de nous apporter, à tire-d'aîle, la nouvelle de la victoire de Bapeaume...

Une opération sur Versailles est décidée en conseil de guerre...

18 JANVIER

Le grand quartier général se transporte à la Porte-Maillot, au restaurant Gillet.

A quatre heures, les brigades La Mariouse et Lespiau, de la division Faron, prennent le chemin de fer à la Villette, et viennent s'établir entre

Asnières et Courbevoie, long du chemin du Grand-Vainqueur.

Dans la journée, 10 batteries d'artillerie prennent leurs cantonnements à Courbevoie, entre le pont de Neuilly et rond-point, les autres à Neuilly.

A sept heures du soir, la division Courty prend le chemin de fer et vient à Puteaux. Toutes ces troupes reçoivent des vivres jusqu'au 22, de l'avoine jusqu'au 20.

La division Courty est mise provisoirement sous les ordres du général Vinoy, ainsi que dix batteries. Dix autres batteries et la division de Bellemare doivent rester au centre, sous les ordres du gouverneur de Paris, qui s'installe au Mont-Valérien.

Vers la fin de la journée, les régiments de garde nationale mobilisée dont les noms suivent, viennent renforcer les divisions, savoir :

A la division Susbielle : brigade Rayon, 53e régiment de Paris ; — brigade Lecomte, 23e régiment de Paris.

A la division Berthault : brigade Bocher, 17e régiment de Paris ; — brigade Miribel, 8e régiment de Paris.

A la division Faron : brigade La Mariouse, 19e régiment de Paris ; — brigade Lespiau, 25e régiment de Paris.

Toutes ces troupes reçoivent l'ordre de se tenir prêtes à prendre les armes dans la nuit.

(Le gouvernement de la Défense lance une proclamation qui termine par ces mots :

Aujourd'hui IL FAUT VAINCRE !

A partir de ce jour le général d'Exéa prend le commandement de toutes les forces échelonnées de la Marne à Aubervilliers, et comprenant la division Mattat du 2e corps, la brigade Reille, la brigade Comte de la division Faron, et 14 bataillons de la garde nationale mobilisée, plus un grand nombre de batteries.

A dix heures du soir, le général Ducrot réunit au restaurant Gillet les généraux et principaux officiers supérieurs qui doivent opérer sous ses ordres et leur donne ses dernières instructions.

L'armée sous la direction supérieure du général Trochu, gouverneur de Paris est divisée en trois colonnes d'attaque.

Colonne de gauche, général Vinoy.
Colonne du centre général de Bellemare,
Colonne de droite, général Ducrot.

19 JANVIER

Bataille de Montretout. — Buzenval.

Dès deux heures du matin, malgré la nuit sombre et froide, d'après les instructions du général Ducrot, les troupes devant former la colonne de droite sous ses ordres se mettent en mouvement; mais le long espace à parcourir, le mauvais état des routes, l'obscurité de la nuit et le nombre considérable de troupes à faire mouvoir en même temps sur un très petit nombre de voies ont amené un encombrement qui a pris des proportions plus grandes qu'on ne pouvait le craindre.

La division Susbielle placée à Saint-Ouen et à Clichy, c'est-à-dire à l'extrême droite de notre ordre de bataille a été arrêtée *pendant plusieurs heures* au pont du chemin de fer d'Asnières par les trains amenant de Pantin et de Romainville les troupes de la division Courty et Faron, trains qui se sont eux-mêmes trouvés fort en retard pour des causes inconnues.

La division Faron, qui devait marcher derrière la division Susbielle sur la rive gauche de la

Seine par l'unique voie praticable pendant la nuit pour se rendre à Nanterre, a subi le retard de la division Susbielle.

La division Berthaut était partie d'Asnières de très bonne heure, et était massée à trois heures du matin sur le bas côté de l'avenue de Neuilly à Courbevoie. Elle s'est trouvée arrêtée là par un encombrement effroyable occasionné par le croisement des colonnes d'infanterie du centre (général Bellemare) et des batteries d'artillerie, dont l'*une égarée* sur le pont même de Neuilly faisait partie du corps Vinoy (colonne de gauche).

Le général Ducrot et son état-major ont pu, à grand'peine, passer vers quatre heures et demie du matin sur le pont de Neuilly.

Les généraux de Miribel et Bocher, après des efforts inouïs, ont pu réussir à faire traverser, par petites fractions, la majeure partie de leurs troupes, mais il en est résulté un morcellement tel, que des régiments ne sont arrivés que successivement, et à de grands intervalles, derrière la maison Crochard, fixée pour le lieu du rendez-vous.

C'est à peine si, malgré les efforts des généraux, la formation de la brigade Miribel était terminée à dix heures.

Le 120º de ligne, de la brigade Bocher, commençait à se former, mais le 119º n'arrivait pas encore. Néanmoins, le général en chef avait mis le temps à profit pour placer sur le plateau de la Maison-Brûlée, au-dessus de la maison Crochard, la majeure partie de son artillerie qui, en faisant un long détour par la plaine, en passant devant Charlebourg et la Folie avait pu devancer l'infanterie.

A ce moment, l'ennemi occupait déjà en forces la Malmaison, le ravin de Saint-Cucufa, la maison du Garde, la porte du Long-Boyau et les bois de Jonchères sur notre front.

Comme il était urgent d'appuyer le mouvement du général de Bellemare, qui était très avant sur les crêtes de Garches, à gauche du parc de Buzenval ; le général Ducrot ordonnait au général Berthaut de laisser sur la droite le régiment de mobile de la Seine-Inférieure et le 8e régiment de garde nationale, afin de maintenir l'ennemi et de faire avancer le colonel de Miribel avec le régiment du Loiret pour tourner par la gauche la maison du garde et la porte de Long-Boyau.

En même temps, le général Bocher se portait avec le 120e en avant et vers la gauche, de manière à déborder tout à fait les positions de l'ennemi, en se reliant avec la brigade Valentin qui formait la droite de la colonne du centre (Bellemare).

Le régiment du Loiret et le 120e ont exécuté ce mouvement avec vigueur et dans un ordre parfait. Malgré la résistance très vive de l'ennemi, le régiment du Loiret est parvenu à s'approcher à quelques pas de la maison du garde et du mur qui de toute sa longueur est crénelé à deux étages.

Le 120e s'est approché du côté sud-ouest du même mur, mais lui aussi a été arrêté vers la partie de la crête qui fait face à la plaine de Garches, où l'ennemi était solidement établi derrière de larges tranchées et de nombreux abatis. La situation était donc fort difficile, car, d'une part, nous avions l'ennemi sur notre flanc droit, sur notre front et même du côté de Houilles et Chatou sur nos derrières.

A plusieurs reprises cette situation difficile a amené du trouble et même quelques reculades parmi nos troupes. Cinq fois le général Ducrot, à la tête de son état-major, a du charger pour reporter lui-même en avant les colonnes qui se repliaient en désordre.

Il a fallu, pour maintenir la position, faire entrer en ligne successivement la totalité des troupes de la division Berthaut et la majeure partie de celle de la division Faron.

De son côté, la division Susbielle maintenait l'ennemi en avant de Rueil, le refoulait dans le parc de la Malmaison et dans le ravin qui descend de Saint-Cucupha, malgré le tir de nombreuses batteries ennemies. Celles-ci, vers la fin de la journée, étaient venues prendre position sur les hauteurs de Carrières-Saint-Denis et Chatou et faisaient converger leurs feux sur notre droite.

Au moment où la nuit se faisait complétement, nous tenions toujours la partie ouest du parc de Buzenval et les crêtes en face du plateau de Garches. L'ennemi n'avait pu nous faire céder un pouce du terrain conquis. Nos blessés, nos morts avaient été relevés et nous étions en mesure de passer la nuit dans cette position ; mais il était évident qu'au jour elle serait devenue critique, car, pendant toute la journée, le commandant Favrot, avec deux escadrons, les éclaireurs Franchetti et sa section d'artillerie légère, avaient observé de près les bords de la Seine, d'Argenteuil à Chatou, et avaient signalé de nombreuses colonnes d'infanterie, d'artillerie et de cavalerie prussiennes, venant du Nord et marchant dans la direction de St-Germain.

L'ennemi devait donc se trouver en mesure, dans la matinée du 20, de prononcer un mouvement offensif très vigoureux sur notre droite, d'établir une artillerie nombreuse sur les coteaux de la Jonchère, qui aurait écrasé toutes nos réserves massées sur le plateau, entre Buzenval, la Fouilleuse et la maison Crochard. D'autre part, la colonne de gauche, qui s'était avancée jusqu'à la Porte-Jaune, avait rencontré là d'infranchissables obstacles ; il ne nous restait donc aucun espoir d'enlever de vive force la triple ligne de retranchements établis par l'ennemi avec tant de soin depuis la Jonchère jusqu'à la maison Craon, que les zouaves du commandant Vitalis et le régiment du colonel Colonieu ne purent dépasser.

Après un conseil de guerre tenu à la maison Crochard, et sur l'ordre du gouverneur, le signal de la retraite fut donné ; le général Ducrot et le général de Bellemare s'entendirent et firent replier les avant-postes dans le plus grand ordre, entre une heure et deux heures du matin.

Toutes les troupes furent rentrées dans leurs cantonnements de la veille avant la fin de la nuit, sauf le bataillon (Lareinty) des mobiles de Seine-et-Marne, oublié à la maison Zimmerman par le général Noël, et fait prisonnier.

Dans quelques moments très difficiles, si parfois il s'est produit certains troubles et *quelques tueries* désordonnées, ce fut la conséquence inévitable de l'inexpérience et de l'agglomération qui, malgré les soins du général en chef et tous les efforts de ses sous-ordres, s'est fatalement produite sur quelques points.

Nos pertes sont pour la colonne de droite : 29 officiers, tués ou blessés ; 664 hommes, tués, blessés ou disparus, dont 7 officiers de garde nationale et 212 gardes nationaux.

Ci-joint le rapport du commandant supérieur des éclaireurs Franchetti :

« Mon général,

» Suivant vos ordres, je me suis rendu à Nanterre à sept heures du matin. J'ai opéré une reconnaissance près du Pont-aux-Anglais avec le second peloton. Nous avons aperçu de nombreux petits postes, infanterie et cavaleries qui nous ont tiré sans résultat. J'ai envoyé le troisième peloton à Rueil ; le commandant Favrot s'est rendu à Buzenval savoir ce que devenaient nos hommes en cet endroit, et rapporter, le cas échéant, les ordres du général.

» A midi, un de mes cavaliers, en vedette sur le bord de la Seine, est venu m'annoncer que les troupes prussiennes, en nombre considérable, venaient d'Argenteuil, marchant sur Bougival, pendant que l'artillerie prenait position sur les hauteurs de Carrières-Saint-Denis.

» J'ai conduit de suite, suivant vos ordres, le premier peloton à Bezons, pour répartir les cavaliers sur le bord de la Seine, et apprécier l'importance des renforts qui arrivaient, et j'ai pû vous envoyer des notes précises. Le défilé des troupes ennemies, infanterie, artillerie, cavalerie, a duré une heure et demie. Si la redoute de Colombes avait eu des canons, elle eût pu faire beaucoup de mal à l'ennemi. Au même moment, les batteries ennemies de Carrières-Saint-Denis ouvraient leur feu et couvraient d'obus la gare de Nanterre, où se trouvaient nos hommes, dont quelques-uns furent légèrement atteints.

» En même temps le peloton qui était à Rueil voyait s'établir devant lui une nouvelle batterie et était forcé de se replier. Depuis sept heures du matin jusqu'à six heures du soir, nos cavaliers n'ont cessé de galoper dans un terrain lourd, et nos chevaux sont exténués. Les avant-postes ont constamment tiré sur nous sans aucun résultat. Nous avons eu deux chevaux blessés (1) dans le détachement qui éclairait le général Ducrot.

» Cette nuit, à une heure du matin, j'ai été avec un peloton dans les tranchées du bord de la Seine, et j'ai entendu distinctement passer, sur la rive opposée, des convois d'artillerie.

---

(1) Rodrigues, détaché auprès du général Ducrot, a eu son cheval blessé de coups de feu et d'éclats d'obus.

Brinquant, auprès du général Bocher, a eu son cheval atteint par deux balles.

» Le feu des avant-postes a été assez vif cette nuit.

» *Signé :* BENOIT-CHAMPY. »

Bataille de Buzenval.

Après ce rapport officiel remis au général en chef, nous croyons devoir joindre nos impressions personnelles sur cette dernière et fatale sortie de quatre-vingt mille hommes !

Il nous faut résumer d'abord tous les renseignements authentiques relatifs aux faits qui précédèrent le 19 janvier :

Le 6 janvier 1871 eut lieu au Louvre, chez le gouverneur de Paris, un conseil de guerre auquel assistèrent vingt-cinq officiers généraux.

Le général Ducrot n'y assistait pas ; notre vaillant chef avait eu, dès le premier jour du siége, de nombreux désaccords et de vives discussions avec les membres du gouvernement de la Défense nationale ; de plus, il se refusait à employer la garde nationale en masse, et déclarait qu'une marche sur Versailles était devenue impraticable ; bref, il ne voulait pas accepter la responsabilité d'une *inutile boucherie.* Le général avait voulu reconnaître avec nous et avec le commandant de Larochetulon les formidables travaux ennemis. Il savait que depuis le brillant combat du 21 octobre, qui avait démontré aux Prussiens le point faible de leur ligne d'investissement, ceux-ci avaient transformé la Bergerie, la porte du Longboyau et la Jonchère en véritables redans, et que les feux croisés de ces positions auraient *fauché* nos soldats..

Malgré ces avis officiels, le conseil de guerre passa outre, et une opération sur Versailles, par Chatillon et Montretout, fut proposée par le général Vinoy et adoptée en principe.

Le général Trochu annonça lui-même cette résolution au général Ducrot. Celui-ci lui répondit :

— Je ne veux pas être un obstacle à vos projets, mais il ne me convient pas de diriger une opération insensée. Je donne ma démission, et je veux *comme simple capitaine*, me mettre (1) à la tête des braves éclaireurs de mon état-major.

*
* *

Le lendemain, le général Trochu écrivait au général, pour le *supplier de ne pas l'abandonner.*
— Si fortes et si honnêtes que soient tes convictions, *elles ne peuvent se concilier avec les devoirs civiques que les événements t'ont faits.* Il faut que chacun de nous reste à son poste, etc... Le public ne comprendrait pas ta démission, etc., etc...

Ducrot maintint sa démission de général en chef, mais il ne put refuser la direction D'OPÉRATIONS SECONDAIRES.

*
* *

Le 17 janvier, à dix heures du soir, eut lieu le conseil du gouvernement. On discuta à nouveau l'opération sur Versailles, et MM. Jules Favre, Arago et Jules Simon insistèrent beaucoup, disant : LE PEUPLE VEUT CETTE OPÉRATION!!! Aucune observation pratique ne fut écoutée. Cependant le plan Vinoy fut écarté et remplacé par le plan Berthaut, c'est-à-dire une attaque appuyée par le Mont-Valérien, sur Montretout et Rueil.

---

(1) Nous avons eu l'honneur d'être appelé auprès du général et de lui remettre un plan des bois de la Jonchères, du Butard et de Rocquencourt. Le général voulait se mettre à l'avant-garde avec nous et espérait franchir, par les bois de Versailles, les lignes ennemies.

Laissons parler le procès-verbal de l'enquête parlementaire (déposition du général en chef).

Alors M. Jules Favre se leva et dit de son ton le plus solennel, au général Trochu :

— Eh bien ! général, maintenant que nous avons décidé l'opération sur Versailles, il s'agit de convenir du jour ; vous savez que le temps nous presse ; il faut donc que ce soit le plus tôt possible. Quand pensez-vous pouvoir faire cette opération sur Versailles ?

Le général Trochu lui répondit :

— Voyons, c'est aujourd'hui lundi ou plutôt mardi, puisqu'il est près de minuit. Nous avons des troupes à Rosny, à Bondy, qu'il faut faire revenir dans la presqu'île de Gennevilliers, c'est assez long ; nous ne pourrions guère commencer l'opération que dans la nuit de jeudi à vendredi. J'avoue que ce jour de vendredi me contrarie, il inquiétera beaucoup de gens ; nous avons déjà tant de chances contre nous qu'il ne faut pas les augmenter. On a déjà parlé des vendredis du général Trochu. Je crois donc qu'il serait bon de ne commencer l'affaire que dans la nuit du vendredi au samedi.

— Samedi ! s'écria Jules Favre, c'est toute une semaine encore ! Est-ce qu'avec beaucoup de bonne volonté vous ne pourriez pas avancer l'heure de l'action et la mettre dans la nuit du mercredi au jeudi ? C'est impossible, répondit le général Trochu : il est minuit, nous sommes au mardi, songez-y ; il faut donner des ordres aux généraux de division, il faut préparer un plan et nous ne pouvons faire cela en si peu de temps.

M. Jules Favre ne se rendit pas à ses raisons et répéta encore une fois :

— Voyons, général, avec beaucoup de bonne volonté et d'énergie, ne pourriez-vous pas arriver à faire ce que je vous demande ?

Le général Trochu ainsi pressé répondit :

— A la rigueur, avec beaucoup d'activité et d'énergie, on y arriverait. — Eh bien ! c'est convenu, dit aussitôt M. Jules Favre, *nous ferons cela dans la nuit du mercredi au jeudi.*

Il était près d'une heure, quand on se sépara.

Le général Schmidt s'est couché et n'a préparé son affaire que le lendemain. Les ordres furent faits à la hâte et très écourtés. C'est le mercredi seulement que les généraux reçurent l'ordre suivant :

Ordre pour la journée du 19 janvier.

— Messieurs les officiers généraux commandant les colonnes d'attaque devront prendre toutes les dispositions nécessaires pour que les têtes de colonne soient arrivées et prêtes à se porter en avant à 6 heures du matin sur les positions respectives, savoir :

Celle de gauche, à la briqueterie ; celles du centre, derrière la Fouilleuse ; celle de droite, auprès de Rueil. Trois coups de canon précipités tirés à six heures du Mont-Valérien, après un silence de toute la nuit, donneront le signal de départ des points de concentration pour l'attaque des positions.

Quand le général Ducrot reçut cet ordre, il s'écria devant nous : « C'est matériellement impossible, cela ne peut se faire ainsi. » Et il alla trouver immédiatement le général Trochu :

— Mon cher ami, je connais le terrain mieux que toi, je suis resté trois mois dans la presqu'île de Gennevilliers, et je te déclare qu'il est impossible que les têtes de colonnes soient à six heures au rendez-vous de Courbevoie ; il va se produire un encombrement de voitures, d'infanterie, de cavalerie, dont tu ne te fait pas une idée, parce que cela dépasse l'imagination.

Le général Trochu parut frappé de ces observations, et alors : Il n'y a qu'une chose à faire, continue Ducrot, envoie une dépêche au Mont-Valérien pour prescrire de ne pas faire le signal avant six heures et demie ; nous serons à notre poste à cette heure ; si nos têtes de colonnes ne sont pas arrivées, nous t'enverrons une dépêche pour faire suspendre le signal. En effet, des ordres furent donnés en ce sens au Mont-Valérien (1).

Ducrot rentra à la porte Maillot à dix heures du soir, réunit ses généraux de division pour donner ses dernières instructions, ne se coucha pas, monta à cheval à quatre heures du matin.

Qu'il nous soit permis d'entrer ici personnellement en scène. Notre général nous avait confié plusieurs fois de missions particulières, il savait que nous connaissions parfaitement toutes les routes et tous les bois qui couvrent le département de Seine-et-Oise.

Il nous fit mander le 18 à son quartier général et nous désigna comme éclaireur-particulier attaché à sa personne.

L'ordre suivant fut dicté par lui-même à notre commandant et affiché au quartier des éclaireurs le 18 janvier, après le rapport de 6 heures du matin :

« DÉCISION DU 18. »

« On mettra les provisions de fourrages, les vivres et les cantines d'ambulance dans les deux voitures guillaumet (1) ; chaque cavalier prendra dix litres d'avoine sur son cheval, les armes seront passées en revue, il y aura distribution de cartouches.

Boute-selle à 2 heures et demie. On rompra à 3 heures. Les éclaireurs Rodrigues, Speneux, Brin-

---

(1) Requises pour notre service d'ambulance.

quant, Crémieux, Robert, Lavril, Chaletain, Lecontre, Marchaud ont été désignés par le général pour l'accompagner, ils partiront avec l'escadron mais resteront à la Porte-Chaillot. — Quartier général.

Le premier peloton servira d'escorte au général et relèvera demain les éclaireurs désignés plus haut — sauf les éclaireurs Rodriques, Brinquant, Speneux et Crémieux qui ne quitteront pas le général.

L'escadron ralliera la brigade campée dans la presqu'île de Gennevilliers près du château de la Belle-Henriette. »

A peine arrivé chez le général qui logeait 14, rue Abbatucci, nous recevons l'ordre de porter une dépêche pressante au général Faron à Aubervilliers. Le général Faron prenait ses dispositions pour l'embarquement de ses troupes, il nous charge d'une dépêche rassurante au sujet des retards probables dans la transmission des ordres trop précipitamment donnés.

« L'artillerie divisionnaire de la réserve est en route pour Asnières. Le chemin de fer a réuni tous les wagons disponibles pour embarquer la division. »

Je donne ces nouvelles au général Appert et je reçois pour instruction de me trouver avec mes trois camarades à dix heures du soir au restaurant Gilet.

Le Conseil de guerre est réuni quand nous arrivons. Auprès d'une table adossée au mur et sur laquelle est étendue la carte de l'état-major, le général Ducrot donne ses ordres ; je remarque près de lui les généraux Bertaut, Faron, Tripier, Bocher, Guiod, Appert, Frébault, le colonel de

Miribel, plusieurs officiers de la garde nationale, le colonel de Montbrison, M. Raoul Duval (1) et tous les officiers de l'état-major, y compris le lieutenant-colonel Lambert, grand prévot de notre armée, et le commandant Favrot, notre chef de brigade.

Le général en chef indique à chacun sa place de bataille et lève le conseil en recommandant aux généraux de veiller à ce que tout le monde soit prêt à l'heure dite.

**

La nuit se passe calme et silencieuse, sombre et humide.

Le bombardement des batteries de Châtillon et de Clamart paraît moins fréquent sur Paris. A quatre heures, le général en chef nous fait appeler, et, en montant à cheval, il nous dit :

— Rodrigues, nous allons au moulin des Gibets, précédez-moi... et appelez un de vos camarades auprès de vous.

Le brigadier Jules Crémieux s'approche, et tous deux nous précédons notre général, suivi de tous les officiers et des éclaireurs du quartier-général.

Dès les premiers pas, un effrayant encombrement nous arrête... des compagnies de gardes nationaux dont les fusils sont en faisceau, et qui occupent l'avenue de Neuilly dans toute sa longueur, nous barrent le passage !

— Place, messieurs, place au général ! crions-nous.

— Si tu disais *citoyens*, ripostent les Parisiens qui ne veulent pas « laisser passer la cavalerie avant l'infanterie (*sic*). »

Il nous faut une demi-heure pour atteindre

---

(1) Aujourd'hui préfet de la Gironde.

le pont de Neuilly. Là, une colonne d'artillerie, qui n'était pas *égarée* (1) se trouvait en plein sur le pont, les chevaux en travers et les canons engerbés.

— Qui commande cette colonne ? s'écrie Ducrot de sa voix mâle.

Un sous-lieutenant se présente.

— Mon général, le commandant est allé chercher des ordres, dit-il ; le quai et la route de Puteaux que nous devons suivre est obstruée par des barricades,

— A quelle colonne appartenez-vous ? reprend Ducrot — très nerveux.

— *Je l'ignore* !!!... Mais nous sommes du corps d'armée du général Vinoy.

— En ce cas, je n'ai pas d'ordre à vous donner, sinon celui de me laisser passer, de garer vos canons et vos trains pour que le pont reste libre.

Et ce disant, le général s'engage dans ce fouillis de bêtes effrayées, de roues entremêlées, d'artilleurs endormis, et nous parvenons à grand'peine de l'autre côté du pont.

Ni l'escorte, ni les officiers ne peuvent suivre notre sillon ; quand nous tournons le rond-point des Bergères, le général n'a plus avec lui que ses deux éclaireurs, le général Appert, le commandant Bossan, le lieutenant Beaulieu et le capitaine de Louvencourt !

Suivant la route de Nanterre et prenant le routin transformé en tranchée qui mène directement au moulin des Gibets, nous arrivons sans encombre au télégraphe installé dans la vieille tour délabrée.

Il est six heures. Le général télégraphie ces mots au Mont-Valérien :

« *Les colonnes d'attaque ne sont pas là. J'attends.*

» Général DUCROT. »

(1) Voir le rapport officiel du lendemain, 20 janvier.

Il ne reçoit aucune réponse.

L'escorte d'éclaireurs et de gendarmes nous rejoint bientôt avec les officiers.

Tout à coup, le Mont-Valérien tire un coup de canon et lance les trois fusées tricolores, signal d'attaque !

A ces détonations, le général fort surpris :

— Que signifie cela ? s'écrie-t-il. Personne n'est en ligne ! Et il dépêche des aides-de-camp dans toutes les directions pour activer l'arrivée des troupes.

Le lendemain, nous avons su ce qui était arrivé.

Le général Trochu était parti du Louvre de de très bonne heure, mais il était en voiture et et n'avait pu passer au pont de Neuilly, de sorte qu'il n'était arrivé au Mont-Valérien (1) *qu'à sept heures un quart.*

Le signal d'attaque avait été donné à six heures et demie ; les troupes du Mont-Valérien, sous les ordres du général Noël, avaient engagé l'affaire sans attendre les trois corps d'armée...

A sept heures un quart, le général Ducrot reçut enfin une dépêche du général Trochu, elle disait :

« Nos têtes de colonnes ne sont pas encore
» arrivées. Le général Noël s'est engagé seul, je
» fais courir après lui pour l'arrêter, s'il en est
» temps encore ; pressez la formation de nos
» troupes, je ferai donner un nouveau signal
» dans une heure. »

Mais Noël était tellement engagé qu'il ne peut

---

(1) Le gouverneur de Paris arriva presqu'en même temps que les soixante Silésiens faits prisonniers à Montretout. Ces pauvres soldats avaient jeté leurs armes en criant : Bons Français ! dès qu'ils s'étaient vus cernés par des forces considérables. Ils appartenaient au 58e régiment, 11e corps, commandé par le général Kirback.

revenir sur ses pas. Le général de Bellemare le fait donc appuyer aussitôt qu'il a sa première brigade formée après huit heures; quant à la colonne de droite, dont les troupes venaient de Saint-Ouen, c'est-à-dire de douze kilomètres, il avait un retard proportionnel, et, par suite de l'encombrement, sa brigade de tête ne put arriver qu'à dix heures, et c'est à cette heure seulement qu'elle entra en ligne !

*_

Vers neuf heures et demie, l'artillerie du colonel Lavocat débouchait enfin de Nanterre. Dès que le général Ducrot vit les troupes apparaître, il se porta avec tout son état-major vers la carrière Pitard, au-dessus de Pois-Préau. La fusillade assez nourrie sur la gauche paraissait peu sérieuse au centre; un silence profond et un calme de mauvais augure régnait à droite. Nos troupes se massaient dans les vignes. Le général fit ordonner : Halte ! et se dirigea vers la maison Crochard avec plusieurs officiers.

Il ne restait guère de la maison Crochard que les quatre murs criblés et à jour; mais le général ayant mis pied à terre, monte le sommet au moyen de l'échelle qui remplaçait l'escalier et observe l'ennemi. Ducrot reconnaît avec le commandant Larochetulon et avec nous-même les retranchements formidables de la porte du Long-Boyau, les batteries de La Jonchères et les travaux faits par les Prussiens au sommet de Bougival.

A ce moment, survient la brigade Bocher composée des 119e et 120e de marche et suivi du régiment du Loiret du commandant de Montbrisar, le général en chef donne l'ordre au général Bocher de prendre à revers le pavillon de la porte de Long-Boyau. Tandis que la brigade se porte en avant, guidée par l'éclaireur Brinquant dont le cheval est bientôt mis hors de combat.

Le colonel Lavocat dispose une batterie et deux mitrailleuses, en avant de la maison Crochard. On canonne vigoureusement les retranchements ennemis, mais une fusillade très nourrie, arrête bientôt l'élan de nos troupes.

Le porte-fanion du général de Bellemare, l'éclaireur Schneider, vient annoncer au général *que l'ennemi est repoussé de Saint-Cloud que la colonne du centre attaque Garches et est maîtresse du côté ouest de Buzanval...*

A cette nouvelle, nous pénétrons dans Buzenval dont l'ennemi n'occupe plus que l'extrémité ouest où il est fortement retranché derrière des murs crénelés et des abattis d'arbres.

Si à ce moment l'artillerie de l'aile gauche avait pu être mise en position et n'avait retardé en s'embourbant le mouvement des réserves du général de Bellemare, le plateau de Garches eût pu être solidement occupé ; mais l'ennemi n'entendant pas d'artillerie de ce côté fit converger les feux de 63 pièces de canons qui, sur une étendue d'un kilomètres rendirent la position de nos troupes intenables de Montretout à Garches.

Le général Vinoy voulut opposer *quatre pièces* de campagne à ces dix batteries prussiennes ; il ne peut même pas armer la redoute de Montretout. Il demande alors au Mont-Valérien, de canoner le versant de Garches, mais le gouverneur refuse de se rendre à ce conseil, trouvant trop dangereux de tirer dans cette direction par dessus la tête de nos colonnes du centre.

Ainsi, l'artillerie égarée d'abord, embourbée ensuite, arrête l'arrivée des réserves de munitions en retardant considérablement le passage des voitures d'ambulance. Il y eut une confusion sans précédent, et les défaillances déjà trop nombreuses au début de la journée devinrent fréquentes quand le canon prussien, muet jusqu'à dix heures commença à se rapprocher ! On a remarqué l'absence presque complète des officiers d'état-major de la garde nationale sur le champ de bataille.

Mais revenons à l'aile droite.

Quand nous arrivions, avec le général Ducrot à l'entrée de Buzenval, le commandant Larochetulon sortait du château, il venait prévenir nos troupes de la résistante très sérieuse concentrée à gauche du parc. Déja de nombreux cadavres gisaient à terre.

L'attaque générale prenait de grande proportions — Montretout facilement enlevé, les mobiles du 4e bataillon de la Seine-Inférieure avaient pu s'avancer jusqu'à la maison Zimmerman en avant de Saint-Cloud sur la route de Versailles.

Cette maison fût même occupée par les hommes du commandant Lareinty et par un garde national qui suivit seul l'élan donné. Au centre le général de Bellemare portait les zouaves du commandant Vitalis jusqu'à la maison Craon et faisait relier par quelques détachements la hauteur de Garches aux troupes du général Ducrot qui occupaient Buzenval.

Le général de Bellemare était à la Fouilleuse, située à 700 mètres du Mont-Valérien. Pendant ce temps la milice parisienne se heurtait résolument mais en désordre, contre les barricades et murs crénelés de la porte de Long-boyau; accueillis par une fusillade très vive elle s'émiettait bien vite malgré les énergiques et courageux efforts du général Ducot. C'est là que furent tués queques individualistes héroïques préférant la mort à la fuite.....

Par cette inutile bataille on put reconnaître combien des hommes commandés par des égaux et des camarades déguisés en officiers, sont de détestables soldats, surtout en rase campagne, car, protégés par un abri quelconque arbre ou muraille, les gardes nationaux se défendaient assez bien !

A côté d'actes de courage il y eût des lâchetés

burlesques. Ainsi le colonel Vernon de Bonneuil, de la mobile de Paris arrêta près de la Fouilleuse un brancard très accompagné, sur lequel était couché un mort... qui était un lièvre. Ce gibier fuyant effaré avec ces « héros » avait été atteint par leurs feux de peloton ! Recouvert d'une capote et caché sous les sacs, il n'était trahi que par une de ses pattes pendante.

Les mobiles du Loiret lancés par leur énergique colonel M. de Montbrison — qui fut tué — furent décimés dans le parc de Buzenval. Beaucoup d'autres payèrent de leur vie la nécessité d'apprendre aux Parisiens que les batailles « torrentielles » ne réussissent pas contre un ennemi savant et discipliné.

C'est ainsi qu'auprès de Buzenval tomba mortellement atteint le brave commandant Rochebrune, au moment où il criait à sa troupe hésitante : En avant ! et le vénérable marquis de Coriolis, ancien officier de la garde royale, frappé à l'angle du mur de Bois-Préau ; tandis que bien des jeunes attendaient au cabaret voisin l'heure de la retraite, le courageux vieillard, malgré ses 66 ans, avait pris le fusil de simple soldat pour montrer aux Parisiens comment on brave les dangers, et ce qui est pire, les privations et les fatigues.

En effet, on croit bien à tort que le métier de soldat consiste surtout à combattre. Au contraire, le soldat se bat rarement, mais il doit souffrir souvent et obéir toujours — la bataille est une exception, le service militaire est une suite de dévouements obscurs, de privation et d'abnégation personnelles, qui exigent une grande force de caractère et un grand fond de patience et de patriotisme...

*

Vers deux heures, les éclaireurs Franchetti purent signaler au général en chef les longues files noirs d'infanterie et d'artillerie prussiennes qui se dirigeaient vers Bougival et le lieu du combat.

Notre artillerie en position près de Rueil et de Nanterre démonte quelques pièces prussiennes; mais, pendant que, grâce aux efforts énergiques du général Ducrot, nous maintenons les troupes dans le parc de Buzenval et un peu au delà, vers notre gauche, un grand désordre se produit dans les rangs de la garde nationale. Affolés par un brusque retour offensif de l'ennemi, ces soldats improvisés se replient en désordre, faisant feu en l'air, à droite, à gauche... Le lieutenant de Langle, de l'état-major du gouverneur, eut ainsi la poitrine traversée par une balle française !

Le général Ducrot, qui avait rallié les bataillons, se repliant en désordre, met pied à terre près du château de Buzenval et fait appeler le colonel de Miribel.

A ce moment, le jeune lieutenant de mobile de Lesseps, secrétaire du général, est atteint d'une balle au genou.

Le colonel de Miribel, sur l'ordre de Ducrot, impatient de faire avancer ses réserves, répond au général :

— Il ne me reste plus à déployer qu'un seul bataillon de garde nationale; mais « ces hommes viennent de me déclarer *qu'ils ont faim, et ils sont en train... de faire la soupe* (1) *au château de Bois-Préau.* »

Le général Bocher fait porter en avant la réserve du 120ᵉ de ligne et le général en chef nous dit :

---

(1) Ces héros ne quittèrent pas le parc de Bois-Préau de la journée, et voilà qui est le plus extraordinaire : le *Journal officiel* annonça aux populations que huit croix, huit médailles et six citations à l'ordre, étaient décernées à ces vaillants citoyens qui avaient préféré la soupe... au feu !

— Allons, éclaireur Franchetti, guidez ces braves gens jusqu'au sommet du parc...

Et le sommet de Buzenval fut occupé pour la sixième fois.

Une effroyable panique avait lieu sur notre gauche : les zouaves du commandant Vitalis, n'ayant pu tourner Garches ni s'emparer de la maison Craon, étaient refoulés jusqu'au bois, et de vigoureux efforts étaient faits par les Prussiens, pour entamer notre front.

La nuit arrivait, le gouverneur fait donner l'ordre de se maintenir sur les positions conquises — c'est-à-dire — la gauche à Montretout, le centre au sommet de Garches, la droite à Buzenval, au haut de la Malmaison et dans la plaine de Rueil.

L'ennemi, de son côté, paraît décidé à ne plus nous attaquer.

**

C'est alors qu'eut lieu, pour ainsi dire sous nos yeux, l'épisode le plus triste de cette horrible journée.

A la nuit tombante, tandis qu'avec le capitaine de Louvencourt nous portions aux généraux Bertaut et Faron l'ordre d'occuper solidement Buzenval et Long-Boyau... un jeune homme, le chassepot à la main, entrait résolument dans le parc... Marchant droit devant lui, il s'avançait par l'allée centrale jusqu'à cent mètres de l'ennemi. Là il épaulait son chassepot et faisait feu. A peine avait-il tiré qu'il tombait lui-même frappé mortellement.

Faut-il l'avouer, notre émotion fut telle que nous voulûmes descendre de cheval et relever ce valeureux soldat qui faisait partie du 69e bataillon de la garde nationale et que nous prenions pour un *ami de la France*, à cause de sa capote marron... Mais on nous en empêcha, les ordres à remettre aux généraux étaient urgents.

Le lendemain, nous avons su son nom.

Il s'appelait Henri Regnault.

Ses camarades Belhmont et Clairin nous ont relaté les faits qui précédèrent cette suprême résolution du grand artiste auquel était réservé la dernière balle prussienne !

Le 69e bataillon, commandé par l'énergique colonel de Brancion, avait tenu dans Buzenval de 8 heures du matin à 5 heures du soir. Regnault faisait partie de la 1re compagnie, celle des volontaires, commandant de Soulanges, capitaine Steinmetz, lieutenants Delavaux et de Béthune. — Intrépide et calme, Regnault et ses vaillants compagnons avaient fait le coup de feu toute la journée et avaient supporté héroïquement la mitraille ennemie. Mitchell, un volontaire de 17 ans et plusieurs autres, venaient d'être mortellement atteints, quand l'ordre de se replier fut donné... On venait les relever et le bataillon devait se rallier dans un champ de betteraves au bas du parc.

Regnault, silencieux, avait la rage au cœur ; quand il vit qu'on reculait et qu'il lui restait encore une cartouche, il rentra dans Buzenval, s'engagea dans le chemin qui menait droit au mur crénelé derrière lequel l'ennemi tirait sans relâche, — chemin fatal, jonché de cadavres, labouré par les balles... c'est là qu'il fut atteint d'un coup de feu à la tempe !

Henri Regnault a succombé par excès d'honneur et de patriotisme. Aussi, quand à l'appel du soir, il n'a pas répondu, tous ses camarades ont frémi, le connaissant bien ils s'écrièrent :

— Regnault disparu ! non ! Regnault tué à l'ennemi.

Quel plus bel éloge peut-on faire d'un héros ?

**

Vers sept heures du soir, une seconde dépêche du général Trochu vient donner contre ordre aux troupes qui se préparaient à camper sur les positions conquises, c'est-à-dire à Buzenval, sur la crête de Garches et à Montretout. Dans la nuit elles regagnent leurs cantonnements, après avoir allumé partout des feux, afin de tromper l'ennemi...

Le général Ducrot tient un conseil de guerre à la maison Crochard. Il y avait là réunis, debout, dans une salle sans toit et dans une serre sans vitres... les généraux Appert, Tripier, Berthaut, Faron, Susbielle, Bocher, les colonels de Miribel, Maillard, Lavocat, Vosseur, les officiers d'état-major Bossan, de Chabannes, Favrot, de Louvencourt, Beaulieu, Tripier, Steiner, Massin, de Salignac-Fénélon (celui-ci était entré le premier dans le parc de Buzenval).

Tous leurs chevaux étaient attachés à la grille ou au piquet dans le jardin. Cet état-major était gardé par quatre éclaireurs dont voici les noms : Robert, E. Crémieux, Speneu et E. Rodrigues. La plupart des chevaux blessés et sanglants. Si l'artillerie prussienne avait pu soupçonner la présence de tant d'officiers à proximité de ses batteries, elle eût pu facilement réduire en cendres cette maison Crochard.

Vers cinq heures du matin, après cette cruelle nuit où s'exhalait le suprême soupir de la défense de Paris, le général Ducrot quitta *le dernier* le champ de bataille et rentra au Mont-Valérien.

Il y eut une suspension d'armes de 48 heures, pendant laquelle on enterra les morts.

**

L'inutile bataille du 19 janvier coûta (1) trois mille hommes mis hors de combat !

Parmi les deux cents gardes nationaux rele-

(1) Voir aux notes les noms des gardes nationaux tués à Buzenval.

vés à Buzenval seulement, on cite sept officiers et cinquante-huit pères de famille !

La colonne de droite eut 460 hommes tués ou blessés.

Les troupes engagées le 19 janvier formaient un effectif de 84,250 hommes, répartis en trois colonnes principales :

Colonne de droite (général DUCROT).

Division Faron. — Francs-tireurs :

Brigade La Mariouse. — 35° de ligne. 42° de ligne. 19° régiment de garde nat. mobilisée. 121° de ligne. — Brigade Lespiau. — 122° de ligne. 25° régiment de garde nat. mobilisée. — 8,700.

Division Susbielle. — Francs-tireurs — Brigade Ragon. — 115° de ligne. 116° de ligne. 51° régiment de garde nat. mobilisée. — Brigade Lecomte. — 117° de ligne. 118° de ligne. 23° régiment de garde nat. mobilisée. — 8,200.

Division Berthaut. — Eclaireurs Franchetti. — Brigade Bocher. — 119° de ligne. 120° de ligne. 17 régiment de garde nat. mobilisée. — Brigade de Miribel. — Bataillons du Loiret. Bataillons de la Seine inférieure. 8° régiment de garde nat. mobilisée : — 10,600.

En tout 27,500 hommes.

Colonne du centre (général de Bellemare).

5 régiments de ligne. 17 bataillons de mobile. 8 bataillons de garde nationale :—34,500 hommes.

Généraux : de Beaufort, de Courty, Colonel Mosnosin-Dupin, Valette, Herrain.

Colonne de gauche (général Vinoy).

4 régiments de ligne; 9 bataillons de mobiles ; 5 bataillons de garde nationale : — 22,250 hommes.

Généraux : Valentin, Fournès, colonel Colonnieu.

Si l'on considère que le chiffre des hommes tués et blessés ne dépasse pas trois mille, on trouve une perte relativement peu considérable, et peu en rapport avec la stupeur répandue à Paris par les nouvellistes du champ de bataille, et par les meneurs qui, n'ayant pas réussi dans leurs projets le 31 octobre tentèrent à nouveau de s'emparer du pouvoir le 22 janvier.

Le gouverneur de Paris en prescrivant de « parlementer d'urgence à Sèvres pour un *armistice de deux jours* !!! en réclamant beaucoup de brancardiers, etc., » confirma très malheureusement les faux bruits répandus par ceux qui voulaient bientôt exploiter à leur profit les émotions populaires !

20 JANVIER

A cinq heures du matin, le général en chef quitte la maison Crochard, traverse tout le champ de bataille, et, par la route qui va de Rueil à Suresnes, il rentre au Mont-Valérien.

Le bombardement des forts du Sud, qui avait à peu près cessé dans la journée du 19, devient très violent le matin, principalement contre le fort d'Issy.

Pendant deux heures, suspension d'armes vers le lieu du combat pour relever les morts. Enlèvement de quelques blessés.

Dans la nuit du 19 au 20, deux compagnies du 42e de ligne placées à la ferme de Groslay se sont laissé enlever à l'exception d'un sergent et de vingt-trois hommes.

Les rapports envoyés de Saint-Denis indiqrent un redoublement d'intensité dans le bombardement. La butte Pinson et les batteries de Stains tirent plus particulièrement sur la cathédrale et la tête du buste colossal de Saint-Denis est brisée par un obus.

21 JANVIER

Journée calme aux avant-postes.

L'ennemi fortifie les positions de Montretout à la Malmaison qu'il a réoccupées.

Dans Paris, la population est fort agitée. Ajoutant foi aux récits pompeux des gardes nationaux que l'ordre du jour de Clément Thomas qualifie de HÉROS, l'opinion publique reste convaincue des *efforts surhumains faits le 19 janvier* par la milice parisienne. « Sans la *trahison* des chefs, sans l'indécision et le retard des généraux, sans cette retraite ordonnée après la nuit passée sur les positions enlevées à l'ennemi, nous allions à Versailles ; » tel est le résumé des discours insensés qui émaillent les groupes, sur les boulevards ou dans les clubs.

Le général Trochu, responsable de tous ces événements, devient tellement impopulaire, que le gouvernement lui retire le commandement en chef et nomme d'autorité le général Vinoy en son lieu et place.

22 JANVIER

On affiche sur les murs la proclamation suivante :

ORDRE DU JOUR DU GÉNÉRAL VINOY A L'ARMÉE DE PARIS.

Le Gouvernement de la défense nationale vient de me placer à votre tête ; il fait appel à mon patriotisme et à mon dévouement ; je n'ai pas le droit de m'y soustraire. C'est une charge bien lourde, je n'en veux accepter que le péril, et il ne faut pas se faire d'illusions.

Après un siège de quatre mois, glorieusement soutenu par l'armée et par la garde nationale, virilement supporté par la population de Paris, nous voici arrivés au moment critique.

Refuser le dangereux honneur du commandement dans une semblable circonstance, serait ne pas répondre à la confiance qu'on a mise en moi. Je suis soldat et ne sais pas reculer devant les dangers que peut entraîner cette grande responsabilité.

A l'intérieur, le parti du désordre s'agite et cependant

le canon gronde. Je veux être soldat jusqu'au bout ; j'accepte ce danger, bien convaincu que le concours des bons citoyens, celui de l'armée et de la garde nationale ne me feront pas défaut pour le maintien de l'ordre et le salut commun.

Paris, 22 janvier 1871.

GÉNÉRAL VINOY.

Nous faisons suivre cette proclamation de celle que le général Clément Thomas devait payer un jour de sa vie !

APPEL A LA GARDE NATIONALE.

L'appel suivant a été adressé dans la matinée, par le commandant supérieur des gardes nationales de la Seine aux troupes placées sous ses ordres.

Cette nuit, une poignée d'agitateurs a forcé la prison de Mazas et délivré plusieurs prévenus, parmi lesquels M. Flourens.

Ces mêmes hommes ont tenté d'occuper la mairie du 20ᵉ arrondissement et d'y installer l'insurrection ; votre commandant en chef compte sur votre patriotisme pour réprimer cette coupable sédition.

Il y va du salut de la cité.

Tandis que l'ennemi la bombarde, les factieux s'unissent à lui pour anéantir la défense.

Au nom du salut commun, au nom des lois, au nom du devoir sacré qui nous ordonne de nous unir tous pour défendre Paris, soyons prêts à en finir avec cette criminelle entreprise ; qu'au premier appel la garde nationale se lève tout entière, et les perturbateurs seront frappés d'impuissance.

Le commandant supérieur des gardes nationales.

CLÉMENT THOMAS.

Le bombardement de Saint-Denis, des forts de l'Est, de la Briche et de la Double-Couronne continue avec une grande violence.

Armistice du côté de Buzenval pour l'enterrement des morts.

On craint un mouvement dans Paris, et la brigade Lecomte, de la division Susbielle, ainsi que la brigade Fournès, de la division Bellemare, sont prêtes à prendre les armes; cette dernière vient cantonner à la porte Maillot.

A onze heures, la brigade Fournès entre à Paris et campe près de la place de la Concorde; quatre bataillons de la brigade Lecomte vont s'installer à l'église Saint-Augustin.

La division Courty se porte aux Champs-Elysées, près du palais de l'Industrie. Ces troupes sont accompagnées de leur artillerie.

Vers deux heures, tentative du parti avancé sur l'Hôtel de Ville; quelques gardes du 101e font feu sur les officiers de service postés derrière les grilles, un adjudant major des mobiles est grièvement blessé; la troupe riposte des fenêtres. La fusillade dure vingt-cinq minutes. Cinq morts, dont le commandant Sapia, et une trentaine de blessés sont relevés sur la place.

L'ordre est bientôt rétabli, et, vers cinq heures, toutes les troupes entrées dans Paris — sauf la division Courty — se portent en dehors des fortifications.

23 JANVIER

Dans la nuit, un bataillon du 115e de ligne quitte Clichy et va occuper la prison Mazas. Un autre bataillon se porte aux Tuileries pour garder le parc d'artillerie.

Le bombardement vers le Sud s'est ralenti. Nos forts ont continué leur tir sur les batteries ennemies, la poudrière prussienne de la batterie de gauche de Châtillon a sauté.

Le bombardement de Saint-Denis a été d'une extrême violence.

24 JANVIER

La nuit, le bombardement a augmenté d'intensité du côté de Saint-Denis.

A dix heures, après la soupe du matin, la division Faron quitte ses cantonnements du côté de Courbevoie pour se rendre, une brigade à la gare du Nord, l'autre à la gare de Strasbourg.

A huit heures du soir, le 136e de ligne, les mobiles du Morbihan, la brigade Collonieu (division Bellemare) prennent le chemin de fer pour aller se cantonner à Bagnolet.

25 JANVIER

Le tir de l'ennemi s'est ralenti sur toute la ligne, sauf sur Saint-Denis et les forts de l'Est très violemment bombardés. A neuf heures, après la soupe du matin, la brigade Fournès quitte Neuilly pour se cantonner à Montreuil.

La 2e armée est mise sous les ordres du général Vinoy.

Le soir, le général Ducrot quitte son commandement.

26 JANVIER

ORDRE GÉNÉRAL.

En exécution des ordres du général Vinoy, nommé commandant en chef de l'armée de Paris en date du 21 janvier 1871, l'état-major général de la 2e armée est dissous. Les officiers généraux et autres qui en font partie recevront ultérieurement de nouvelles destinations ou avis de leur mise en disponibilité...

**

L'ordre du jour suivant est affiché au quartier des éclaireurs, après l'appel du matin.

Ordre du commandant Favrot.

Messieurs,

En raison d'une décision ministérielle, le général Ducrot quitte le commandement en chef de la deuxième armée qui est dissoute. Je le suis dans sa retraite où l'inconnu nous attend : la reconnaissance et le devoir m'y obligent.

Au moment de me séparer de vous, messieurs, je veux vous dire par la voie de l'ordre quelques mots de remerciement et d'adieu.

Un des plus grands honneurs de ma vie militaire sera, quoi qu'il arrive, d'avoir été placé à votre tête et de vous avoir vus de près à l'œuvre. J'aurais salué avec une joie profonde le jour où votre rôle *eût pris une importance plus étendue encore* et le mien en même temps. Il n'en a pas été ainsi. Les espérances que nous avions partagées un instant se sont tristement évanouies, et seuls les malheurs de la patrie ont grandi.

Au milieu de ce deuil public, sachez du moins que si j'ai été, au gré de mes désirs, trop peu de temps votre chef, vous trouverez toujours en moi un camarade et un ami.

Le chef d'escadron.

Baron FAVROT DE KERBRECK.

Le commandant supérieur, dans cet ordre du jour, faisait allusion à la mission d'honneur réservée aux éclaireurs du quartier-général lors de la sortie sur Champigny...

Le lendemain, les négociations étaient entamées à Versailles.

...... Dans les pages qui précèdent, nous avons tenu, en reproduisant ces notes journalières sur la Défense de Paris, à respecter avant tout la forme militaire que leur avait donnée notre regretté Franchetti. Il nous a paru maléant d'en briser l'enchaînement par des commentaires ou des appréciations et de substituer notre personnalité à celle du courageux, du généreux ami dont nous déplorons la perte.

C'est le journal d'un soldat écrit avec la simplicité d'un soldat, et nous aurions craint, en y mêlant nos réflexions, d'en dénaturer le caractère éminemment original.

Notre tâche accomplie, il nous reste un dernier devoir à remplir.

Si peu important que soit notre avis, pourquoi le tairions-nous, quand il nous semble que nul n'a le droit de se désintéresser de la chose publique? Nous pensons qu'il appartient à tout homme loyal de formuler ses impressions sur les tristes événements qui se sont produits, et d'émettre, s'il y a lieu, des critiques qui, faites de bonne foi, peuvent, dans la mesure de leur valeur, contribuer à mettre en lumière les fautes commises.

Nous nous expliquerons d'ailleurs aussi brièvement que possible.

Un mot d'abord, au sujet du général Trochu, sur lequel l'impartiale histoire prononcera son jugement définitif.

Quel était, au 4 septembre, le rôle qui lui était dévolu?

S'est-il montré à la hauteur de la tâche qui lui incombait?

Deux partis étaient en présence : d'un côté les conservateurs, hébétés par vingt ans d'un *mandarinat* civil et militaire, réclamaient l'établissement de la Régence comme une sorte de digue contre le désordre... de l'autre côté, les révolutionnaires égoïstes ou ambitieux, exigeaient à tout prix le renversement de l'état de choses existant et mettaient la satisfaction de leurs rancunes au-dessus du salut de la patrie.

Rien pour faire contrepoids à ces deux tendances. Où aurait-on cherché un point d'appui?

A qui les gens sensés pouvaient-ils avoir recours ?

Était-ce à ces fonctionnaires, accrochés à leur siége de mandarins, ne voyant dans la France qu'une Chine à exploiter, opposés à tout mouvement libéral, sous-autocrates plus despotes que le chef de l'Etat lui-même ?

Était-ce à ces opposants bavards qui, phraseurs à creux, ignorants comme des carpes et se croyant la science infuse, déclamaient à travers choux ?

Était-ce à la presse qu'il convenait de demander conseil ? Des journaux, les uns s'étaient faits les organes d'une polémique exaspérée qui excluait le sang-froid ; les autres s'étaient transformés en échos d'un monde de scandale et de frivolités, et exploitaient le goût de la bourgeoisie avide de jouissance ou surexcitaient les passions du prolétariat rageusement envieux d'un bien-être facile.

L'Empire, aux abois, chercha donc un homme auquel il pût se fier pour lui remettre les destinées militaires de Paris. Et Trochu fut nommé gouverneur de la capitale. Pourquoi Trochu ? Parce que son nom était une concession faite au parti démocratique qui voyait dans le général breton un opposant et un réformateur. Le général Trochu bénéficia de cette popularité à lui faite par le parti républicain qui, pour les neuf dixièmes, n'avait pas lu cette brochure à laquelle leur protégé devait sa notoriété.

En réalité, qu'était Trochu ? Un général fondu dans un avocat, double médiocrité réunie en un seul personnage. Comédien, a-t-on dit? C'est une erreur que dément son peu d'habileté au 4 septembre.

Un *habile*, jaloux de se créer une popularité plus solide et de ménager l'avenir, se fût rendu aux Tuileries, et, faisant comprendre à la Régente, abandonnée déjà, que tout était perdu, lui aurait respectueusement offert le bras jusqu'à sa voiture. L'escadron Franchetti était là, prêt à escorter « le convoi. »

Enfin, il fallait bien *ostensiblement conduire le deuil* de cette dynastie qui sombrait. Le présent lui eût marqué un point, et l'avenir lui aurait gardé bonne note. Car, suivant les deux partis, il aurait *protégé* le départ ou *activé* la fuite.

Ce même *habile* aurait refusé la présidence du gouvernement, et comme il était à peu près le seul général à Paris, on l'aurait *contraint* à accepter le commandement supérieur des troupes.

Si Trochu avait agi pareillement, il serait resté, sans courir le moindre risque, inattaquable dans son honneur; au lieu que, président du gouvernement, il n'a pu être que le gérant responsable de la maison Jules Favre et C⁰.

Ce qu'il y a de plus curieux dans Trochu, c'est que, gouverneur de Paris, il ne croyait pas que Paris pût être gouverné; général, il ne croyait pas que la ville pût résister, il ne croyait ni à la province, ni aux chefs inexpérimentés qui avaient mission de la soulever. Voilà pourquoi on lui a reproché de n'avoir cru qu'à sainte Geneviève !

Sa grande faute est donc d'avoir, sans conviction, accepté un poste qu'il jugeait inutile ; une mission qu'il considérait comme impossible à remplir. Rendons-lui cette justice, qu'il a organisé l'armée de Champigny et contribué, par son sang-froid, à la glorieuse journée de Villiers.

A propos de l'affaire de Champigny, citons un curieux incident absolument inédit. Il peut donner la mesure exacte de l'excessive prudence de Trochu, en opposition avec la fougue toute chevaleresque de Ducrot. Notre général venait de lire sa fameuse proclamation au gouverneur de Paris.

— Eh ! eh ! lui dit Trochu, tu t'engages beaucoup, mort ou victorieux ! c'est beau comme l'antique; mais enfin la victoire dépend de tant de choses... Crois-moi, effaces cette ligne!

— Non, riposte Ducrot, telle est ma pensée, mon inspiration ; on ne parle pas assez aux cœurs des soldats ; je tiens à ces mots. *Ils feront bien marcher nos troupes...*

— *Amen*, fit Trochu.

Le général Schmitz, qui avait mission d'envoyer la proclamation de Ducrot à l'imprimerie, fit une observation au sujet du passage : *Rappelez-vous vos familles ruinées, vos femmes, vos sœurs et vos mères outragées.*

— Les Prussiens se conduisent bien avec les femmes, objecta le chef d'état-major de Trochu.

— Eh bien, au lieu d'*outragées*, mettez *mères éplorées.*

Trochu n'avait aucune confiance, on le voit ! et il disait toujours :

— Je serai *pendu* haut et court...

Il ne voulait pas se compromettre. Picard l'avait baptisé : Le *général Chèvre-Chou.*

Etait-ce là l'homme qui pouvait faire face aux événements? La révolution montait. Chaque désastre avait amené une complication nouvelle. Reischoffen avait renversé le ministère Ollivier, Sedan avait culbuté l'Empire et la Régence. Metz devait avoir pour contre-coup l'échauffourée du 31 octobre, comme plus tard Buzenval motiverait la journée au 22 janvier.

De quelle énergie, de quelle habileté ne devait pas être doué celui qui avait à ménager tant de forces et d'intérêts en présence ! Il lui fallait, instruit par les leçons du passé et toujours en éveil sur le présent, deviner l'avenir en ses symptômes. Il devait comprendre que le 31 octobre et le 22 janvier n'étaient que les prodrômes d'une catastrophe terrible. Mais il suffit, paraît-il, d'être au pouvoir pour que la vue s'obscurcisse aussitôt. Il n'était pas un Parisien de bon sens qui ne devinât, grâce à l'inertie et à la mollesse du gouvernement bien abrité derrière Trochu, que la capitulation de Paris serait le signal d'une redoutable explosion. Dans chacune des fautes du gouvernement de la Défense nationale, se trouve le germe de la Commune et de la guerre civile. Chacune de ses erreurs a donné un soldat de plus à l'insurrection future. C'est à ses hésitations et ses maladroites tergiversations que Paris doit soixante-cinq jours de terreur, de pillage et de désespoir. C'est à sa vaniteuse incapacité qu'il faut faire remonter la cause des démences qui se sont traduites par le massacre et l'incendie.

Une des fautes les plus inconcevables du Gouvernement fut de refuser, par retour du courrier, les ouvertures faites le 5 décembre par M. de Moltke. Le mauvais effet produit par la retraite du général Chanzy sur le Mans, était compensé par les victorieuses journées de Champigny et de Villiers. Le pays lui-même, qui jusqu'alors avait cru à une résistance possible en faisant appel à des ressources extraordinaires, sentait chanceler sa foi et désirait la fin d'une guerre perdue sans retour. L'hiver s'annonçait très rude. Il fallait traiter... Mais selon l'expression à la mode, l'heure des folies héroïques n'était pas encore passée ! Et nos gouvernants cédèrent à un mouvement de hautaine fierté en répondant par une fin de non recevoir aux avances du major général des armées allemandes. — On sait que le général Ducrot fut seul de son avis quand il engagea le Gouvernement à profiter de ces ouvertures pour reprendre les négociations rompues depuis le 5 novembre.

Pour s'être fait le paravent de l'inepte gouvernement de la Défense, le général Trochu a porté la responsabilité de ces nombreuses erreurs. L'histoire le déchargera peut-être de ce lourd fardeau qu'elle répartira sur la tête des vrais coupables, parmi lesquels son successeur le général Vinoy ne sera pas le moins bien traité.

Nous aurions le droit d'être sévère pour cet ambitieux qui, aujourd'hui, a obtenu enfin une position digne de ses aptitudes. Il n'a plus rien à faire, heureusement pour nous. Il a retrouvé un Sénat. Ses travaux se réduisent à compulser les 60,000 dossiers des postulants de la Légion d'honneur.

Grand bien lui fasse ! Laissons-le dans le silence... qu'il aurait pu garder !

*

En tous ces terribles événements, pas une personnalité importante n'a surgi de la foule ! Vérité banale, mais absolue ; nul n'a su être l'homme de la situation. Les uns étaient burlesques : Rochefort, le barricadier pour rire ! Ferry, le maire impuissant et ahuri, digne successeur d'Arago dit le Courageux ;... les autres solennels ou bouffons : Jules Favre, dit le Saule pleureur, Garnier-Pagès, l'Empaillé, Jules Simon, l'Inutile... Tous mesquins et impuissants, ils n'avaient d'égal à leur suffisance que leur insuffisance. Seul peut-être, Ernest Picard a eu son heure d'habileté ; sa courte campagne du 31 octobre a été carrément conduite. Sa peau compromise lui délia grandement l'imagination.

Du gouvernement, si nous passons à l'armée, nous constatons la même incurie :

On a fatigué inutilement la mobile, on a abusé sans profit du dévouement de nos héroïques marins, on a tout fait pour énerver la fermeté de la population armée. Les corps francs créés sans but précis ont été mal employés. Tous, il est vrai, n'ont pas eu le bonheur de rencontrer à leur tête un homme comme Franchetti.

La preuve que les chefs sont les soldats est, qu'après la mort de notre commandant, l'escadron des éclaireurs embrigadés avec les dragons a été assimilé aux autres troupes de cavalerie; dès lors, nous n'avons eu qu'un rôle secondaire à remplir sauf le 21 décembre et le 17 janvier. Le commandant Favrot, aide de camp du général en chef, ne se mettait à notre tête que les jours de bataille, et notre capitaine Benoît-Champy était plutôt un administrateur qu'un chef d'escadron...

※※

Puisque le nom de Franchetti est revenu sous notre plume, citons ce dernier trait bien peu connu :

Après la journée de Champigny, le général Ducrot souffrait d'une extinction de voix des plus intenses. Franchetti, toujours attentionné, envoya son ordonnance à Paris lui chercher des pastilles très efficaces, nommées *pastilles d'agent de change*, et le 2 décembre, pendant la bataille de Villiers, chaque fois que l'occasion se présentait, le commandant offrait une pastille au général.

Quand, blessé à mort, et chargé sanglant sur une voiture d'ambulance, Franchetti vit le général s'approcher de lui :

— *Prenez la boîte*, mon général, dit-il en souriant à son chef.

Ducrot ne raconte pas ce trait de Franchetti sans être ému aux larmes.

※※

Quant à la garde nationale, c'était un troupeau dans lequel chacun voulait être le bélier! ce qui ne veut pas dire, que tous marchaient volontiers à la boucherie.

Le chef actuel du gouvernement (1) nous a fait

---

(1) Dans une audience qu'il a bien voulu nous accorder le 7 février à Bordeaux.

l'honneur de résumer lui-même en notre présence la défense de Paris :

Escarmouches sans effets, reconnaissances jamais poussées à fond, offensive mal appuyée, défaut d'entente et jalousie entre les chefs, tel est à peu près le bilan de la défense... »

Nous croyons que M. Thiers a pu modifier aujourd'hui son opinion, et nous espérons avoir répondu, par cette publication, au très sévère jugement qu'il portait contre la défense de Paris... Il nous reste à dire un mot de notre ancien général.

Seul, le général Ducrot a prouvé de grandes qualités; à chacun sa part. Elle est belle pour le général de la deuxième armée, auquel il nous sera permis de reprocher une erreur. Le 31 octobre, il devait accepter le commandement en chef qui lui a été offert... Le 14 novembre, il devait maintenir son plan de sortie sur Rouen... Le général Ducrot est resté populaire, il a conservé les sympathies de l'armée et de la population. — Ses ennemis eux-mêmes l'estiment et le respectent malgré son impitoyable franchise.

C'est un homme de guerre, un intrépide combattant, un incontestable stratégiste. Il a livré six batailles sous Paris, maintenu les positions avancées, fortifié la presqu'île de Gennevilliers et tous les points faibles de Paris. Il est resté constamment aux avant-postes, toujours en contact direct avec ses soldats, le premier au feu, le dernier à la retraite... Sous ses ordres, les troupes si peu entraînées par d'autres chefs ont courageusement marché à l'ennemi qui les décimait.

Les chiffres sont là sans réplique.

*
* *

Nous devons à une bienveillance communication l'état des pertes de la 2ᵉ armée, depuis le 19 septembre 1870 jusqu'au 19 janvier 1871.

État des pertes depuis le 9 septembre 1870, jusqu'au 19 janvier 1871. — 14ᵉ corps d'armée et 2ᵉ armée de la Défense nationale.

	OFFICIERS			TROUPES		
	Tués	Blessés	Disparus	Tués	Blessés	Disp.
A Châtillon, 19 septembre 70	3	25	4	81	376	255
A la Malmaison, 21 octobre....	3	14	9	39	217	145
Champigny, Villiers, 30 nov. 2 déc.	62	200	65	711	4046	5627
Au Bourget, 21 décembre..	1	4	»	27	163	46
A Buzenval 19 janvier 1871	23	61	3	234	1213	651
Totaux.....	92	304	81	1092	6015	6724
		477			13,831	

Total général   14,308

Nota. — Les disparus comprennent ceux qui n'ont pas répondu à l'appel le lendemain des affaires et sur le compte desquels on n'avait pu avoir des renseignements exacts.

Ils comprennent les tués et blessés restés aux mains de l'ennemi, les prisonniers, et (catégorie généralement la plus nombreuse), ceux qui ont perdu leur corps involontairement ou volontairement, et qui rentrent pour la plupart quelques jours après. Ainsi, après Villiers, plus de 2,500 hommes sont rentrés à leurs corps quatre ou cinq jours plus tard.

Au total :
7,503 *tués ou blessés.*
6,319 *blessés sur lesquels toutes les blessures un peu graves ont été suivies de mort.*
―――
13,822
1,500 *tués ou blessés dans les petites affaires partielles, reconnaissances ou escarmouches.*
―――
15,322

Aux deux batailles de Champigny et Villiers, il a été tiré 32,000 coups de canons et l'artillerie et la cavalerie ont perdu 643 chevaux.

A ces quinze mille hommes mis hors de combat il faudrait joindre les nombreux malades, gelés dans les tranchées ou atteints du scorbut, et les pertes subies par les corps francs qui n'ont fourni exactement les situations exactes de leurs effectifs, et par conséquent ne figurent dans l'énumération des pertes de la 2ᵉ armée.

On nous fait espérer un prochain livre de notre ancien général en chef, dans lequel justice sera rendue par lui-même, à tous ses soldats.

Quoi qu'on ait pu dire sur le moral affaissé des troupes, nous affirmons qu'il s'est toujours courageusement réveillé quand nos soldats se sont vus commandés par un chef en qui ils avaient confiance. Ducrot en est la preuve.

Que de dévouements en pure perte! Que de victimes tombées inutilement dans les combats livrés par le gouvernement pour « saigner » la population enfiévrée de courage. Le mot a été dit... et il nous a coûté les généraux Guilhem, Renault, Lavrey de la Charrière, les colonels de Grancey, Janin, de Vandeuil, de la Monneraye, de Rochebrune, les commandants Saillard, Baroche, Jacquot, de Montbrison, Franchetti, de Neverlée... et les mille autres victimes tombées si glorieusement comme Gustave Lambert ou Henri Regnault, sans s'être doutés que leur patriotique fièvre agaçait l'indolence d'un gouvernement qui songeait à la calmer par la « saignée. »

A tous ceux qui, pour excuser leurs propres fautes, ont prétendu que l'armée était démoralisée, nous répondrons par le plus énergique démenti, nous qui, cinq mois durant, avons vécu au milieu d'elle.

Partout les soldats ont fait leur devoir, sans

hésitation, sans faiblesse. Il ne leur a manqué qu'une direction ferme, que ne pouvait leur donner celui qui, sans conviction, avait accepté la glorieuse défense de Paris.

La faute est venue d'en haut où l'on doutait ; en bas on a courageusement souffert et bien combattu, avec une confiance qui ne s'est brisée qu'à la dernière heure, devant la capitulation !

29 JANVIER

On lit dans le *Journal officiel* :

C'est le cœur brisé de douleur que nous déposons les armes. Ni les souffrances, ni la mort dans le combat n'aurait pu contraindre Paris à ce cruel sacrifice, Il ne cède qu'à la faim. Il s'arrête quand il n'a plus de pain. Dans cette cruelle situation, le Gouvernement a fait tous ses efforts pour adoucir l'amertume d'un sacrifice imposé par la nécessité. Depuis lundi soir il négocie ; ce soir a été signé un traité qui garantit à la garde nationale tout entière son organisation et ses armes ; l'armée, déclarée prisonnière de guerre, ne quittera point Paris. Les officiers garderont leur épée. Une Assemblée nationale est convoquée. La France est malheureuse, mais elle n'est pas abattue. Elle a fait son devoir ; elle reste maîtresse d'elle-même.

Voici le texte de la Convention signée ce soir à huit heures, et rapportée par le ministre des affaires étrangères. Le Gouvernement s'est immédiatement occupé de régler toutes les conditions du ravitaillement, et d'expédier les agents, qui partiront dès demain matin.

CONVENTION

Entre M. le comte de Bismark, chancelier de la Confédération germanique, stipulant au nom de S. M. l'empereur d'Allemagne, roi de Prusse, et M. Jules Favre, ministre des affaires étrangères du Gouvernement de la défense nationale, munis de pouvoirs réguliers,

Ont été arrêtées les conventions suivantes :

Article premier. — Un armistice général, sur toute la ligne des opérations militaires en cours d'exécution entre les armées allemandes et les armées françaises, commencera pour Paris aujourd'hui même, pour les départements dans un délai de trois jours ; la durée de l'armistice sera de vingt et un jours, à dater d'aujourd'hui, de manière que sauf le cas où il serait renouvelé, l'armistice se terminera partout le dix-neuf février à midi.

Les armées belligérantes conserveront leurs positions respectives qui seront séparées par une ligne de démarcation. Cette ligne partira de Pont-l'Evêque, sur les côtes du département du Calvados, se dirigera sur Lignières, dans le nord-est du département de la Mayenne, en passant entre Briouze et Fromentel ; en touchant au département de la Mayenne à Lignières, elle suivera la limite qui sépare ce département de celui de l'Orne et de la Sarthe, jusqu'au nord de Morannes, et sera continuée de manière à laisser à l'occupation allemande les départements de la Sarthe, Indre-et-Loire, Loir-et-Cher, du Loiret, de l'Yonne, jusqu'au point où, à l'est de Quarré-les-Tombes, se touchent les départements de la Côte-d'Or, de la Nièvre et de l'Yonne. A partir de ce point, le tracé de la ligne sera réservé à une entente qui aura lieu aussitôt que les parties contractantes seront renseignées sur la situation actuelle des opérations militaires en exécution dans les départements de la Côte-d'Or, du Doubs et du Jura. Dans tous les cas, elle traversera le territoire composé de ces trois départements, en laissant à l'occupation allemande les départements situés au Nord, à l'armée française ceux situés au midi de ce territoire.

Les départements du Nord et du Pas-de-Calais, les forteresses de Givet et de Langres, avec le terrain qui les entoure à une distance de dix kilomètres, et la péninsule du Havre, jusqu'à une ligne à tirer d'Etretat, dans la direction de Saint-Romain, resteront en dehors de l'occupation allemande.

Les deux armées belligérantes et leurs avant-postes, de part et d'autre, se tiendront à une distance de dix kilomètres au moins des lignes tracées pour séparer leurs positions.

Chacune des deux armées se réserve le droit de maintenir son autorité dans le territoire qu'elle occupe, et d'employer les moyens que ses commandants jugeront nécessaires pour arriver à ce but.

L'armistice s'applique également aux forces navales des deux pays, en adoptant le méridien de Dunkerque comme ligne de démarcation, à l'ouest de laquelle se tiendra la flotte française, et à l'est de laquelle se retireront, aussitôt qu'ils pourront être avertis, les bâtiments de guerre allemands qui se trouvent dans les eaux occidentales. Les captures qui seraient faites après la conclusion et avant la notification de l'armistice, seront restituées de même que les prisonniers qui pourraient être faits de part et d'autre, dans des engagements qui auraient eu lieu dans l'intervalle indiqué.

Les opérations militaires sur le terrain des départements du Doubs, du Jura et de la Côte-d'Or, ainsi que le siége de Belfort, se continueront indépendamment de l'armistice, jusqu'au moment où on se sera mis d'accord sur la ligne de démarcation dont le tracé à travers les trois départements mentionnés a été réservé à une entente ultérieure.

Art. 2. — L'armistice ainsi convenu a pour but de permettre au Gouvernement de la défense nationale de convoquer une Assemblée librement élue qui se prononcera sur la question de savoir : si la guerre doit être continuée, ou à quelles conditions la paix doit être faite.

L'Assemblée se réunira à Bordeaux.

Toutes les facilités seront données par les commandants des armées allemandes pour l'élection et la réunion des députés qui la composeront.

Art. 3. — Il sera fait immédiatement remise à l'armée allemande, par l'autorité militaire française, de tous les forts formant le périmètre de la défense extérieure de Paris, ainsi que de leur matériel de guerre. Les communes et les maisons situées en dehors de ce périmètre ou entre les forts pourront être occupées par les troupes allemandes, jusqu'à une ligne à tracer par des commissaires militaires. Le terrain restant entre cette ligne et l'enceinte fortifiée de la ville de Paris sera interdit au forces armées des deux parties. La manière de rendre les forts, et le tracé de la ligne mentionnée formeront l'objet d'un protocole à annexer à la présente Convention.

Art. 4. — Pendant la durée de l'armistice, l'armée allemande n'entrera pas dans Paris.

Art. 5. — L'enceinte sera désarmée de ses canons, dont

les affûts seront transportés dans les forts à désigner par un commissaire de l'armée allemande (1).

Art. 6. — Les garnisons (armée de ligne, garde mobile et marins) des forts et de Paris seront prisonnières de guerre, sauf une division de douze mille hommes que l'autorité militaire dans Paris conservera pour le service intérieur.

Les troupes prisonnières de guerre déposeront leurs armes, qui seront réunies dans des lieux désignés et livrées suivant règlement par commissaires, suivant l'usage ; ces troupes resteront dans l'intérieur de la ville, dont elles ne pourront pas franchir l'enceinte pendant l'armistice. Les autorités françaises s'engagent à veiller à ce que tout individu appartenant à l'armée et à la garde mobile reste consigné dans l'intérieur de la ville. Les officiers des troupes prisonnières seront désignés par une liste à remettre aux autorités allemandes.

A l'expiration de l'armistice, tous les militaires appartenant à l'armée consignée dans Paris auront à se constituer prisonniers de guerre de l'armée allemande, si la paix n'est pas conclue jusque-là.

Les officiers prisonniers conserveront leurs armes.

Art. 7. — La garde nationale conservera ses armes ; elle sera chargée de la garde de Paris et du maintien de l ordre. Il en sera de même de la gendarmerie et des troupes assimilées, employées dans le service municipal, telles que la garde républicaine, douaniers et pompiers ; la totalité de cette catégorie n'excédera pas trois mille cinq cents hommes.

Tous les corps des francs-tireurs seront dissous par une ordonnance du Gouvernement français.

Art. 8. — Aussitôt après la signature des présentes et avant la prise de possession des forts, le commandant en chef des armées allemandes donnera toutes facilités aux commissaires que le Gouvernement français enverra, tant dans les départements qu'à l'étranger, pour préparer le ravitaillement et faire approcher de la ville les marchandises qui y sont destinées.

Art. 9. — Après la remise des fort et après le désarmement de l'enceinte et de la garnison, stipulés dans les articles 5 et 6, le ravitaillement de Paris s'opérera librement

(1) Dans le protocole, cette condition du transport des affûts dans les forts a été abandonnée par les commissaires allemands, sur la demande des commissaires français.

par la circulation sur les voies ferrées et fluviales. Les provisions destinées à ce ravitaillement ne pourront être puisées dans le terrain occupé par les troupes allemandes, et le Gouvernement français s'engage à en faire l'acquisition en dehors de la ligne de démarcation qui entoure les positions des armées allemandes, à moins d'autorisation contraire donnée par les commandants de ces dernières.

Art. 10. — Toute personne qui voudrait quitter la ville de Paris devra être munie de permis réguliers délivrés par l'autorité militaire française, et soumis au visa des avant-postes allemands. Ces permis et visas seront accordés de droit aux candidats à la députation en province et aux députés à l'Assemblée.

La circulation des personnes qui auront obtenu l'autorisation indiquée ne sera admise qu'entre six heures du matin et six heures du soir.

Art. 11. — La ville de Paris payera une contribution municipale de guerre de la somme de deux cents millions de francs. Ce paiement devra être effectué avant le quinzième jour de l'armistice. Le mode de paiement sera déterminé par une commission mixte allemande et française.

Art. 12. — Pendant la durée de l'armistice, il ne sera rien distrait des valeurs publiques pouvant servir de gages au recouvrement des contributions de guerre.

Art. 13. — L'importation dans Paris d'armes, de munitions ou de matières servant à leur fabrication, sera interdite pendant la durée de l'armistice.

Art. 14. — Il sera procédé immédiatement à l'échange de tous les prisonniers de guerre qui ont été fait par l'armée française depuis le commencement de la guerre. Dans ce but, les autorités françaises remettront, dans le plus bref délai, des listes nominatives des prisonniers de guerre allemands aux autorités militaires allemandes à Amiens, au Mans, à Orléans et à Vesoul. La mise en liberté des prisonniers de guerre allemands s'effectuera sur les points les plus rapprochés de la frontière. Les autorités allemandes remettront en échange, dans le plus bref délai possible, un nombre pareil de prisonniers français, de grades correspondants, aux autorités militaires françaises.

L'échange s'étendra aux prisonniers de condition bourgeoise, tels que les capitaines de navires de la marine marchande allemande, et les prisonniers français civils qui ont été internés en Allemagne.

Art. 15. — Un service postal pour des lettres non cachetées sera organisé entre Paris et les départements, par l'intermédiaire du quartier général de Versailles.

En foi de quoi les soussignés ont revêtu de leurs signatures et de leurs sceaux les présentes Conventions.

Fait à Versailles, le vingt-huit janvier mil huit cent soixante et onze.

Signé : Jules Favre.   Bismark.

LICENCIEMENT

DE L'ESCADRON FRANCHETTI

Le 5 février 1871, l'ordre du jour suivant, affiché au quartier de l'Alma, donna le signal du licenciement. Les armes furent rendues et les éclaireurs, après un dernier et triste serrement de main, se séparèrent...

ORDRE.

Messieurs,

Le maintien des corps armés soulève de grandes difficultés en présence des termes de l'armistice.

Aucune décision officielle ne nous a encore été notifiée, mais sachant que l'escadron n'aura plus de service à faire pendant l'armistice, je dois prendre des mesures conformes à notre nouvelle situation.

I. Les cavaliers peuvent circuler en tenue, mais sans armes.

II. Toutes les armes qui ne sont pas la propriété des cavaliers devront être versées demain à six heures du matin et resteront au quartier en magasin. Les cavaliers verseront également en magasin leurs manteaux, couvertures.

III. Les allocations en argent et nature seront maintenues au corps.

IV. Les chevaux seront soignés et nourris au quartier.

V. L'officier de service délivrera chaque matin, à dix heures et demie, les permissions écrites pour promenades.

VI. L'appel aura lieu les mardi et dimanche à dix heures du matin. Le chef de corps devant remettre des situations d'effectif ne pourra user d'aucune indulgence à l'égard des manquants, qui se compromettraient par leur absence.

VII. Le service de garde sera remplacé par un service de consigne, salarié, au compte de l'escadron.

VIII. Le maréchal-des-logis Rognat et le brigadier-fourrier Paret s'occuperont des distributions.

Le maréchal-des-logis fourrier veillera aux rentrées du magasin et le maréchal-des-logis Clancau surveillera les écuries et sera en permanence au quartier.

La police du quartier sera sous la surveillance du maréchal-des-logis-chef, de l'officier de service, qui signera les permission quotidiennes de chevaux.

IX. Le conseil se réunira au prochain appel pour statuer sur les propositions à faire à l'égard des cavaliers.

X. Les chevaux ne seront promenés que dans le jardin en dehors des promenades et courses faites avec leurs cavaliers.

Le maintien des contrôles et la permanence des allocations, la présance des chevaux, nous permettent, sans charge pour les cavaliers, de maintenir le corps jusqu'au jour où il sera possible de songer à son avenir.

Quoi qu'il arrive, l'escadron forme une famille

qu'aucune puissance ne pourrait briser et qui, j'en ai la conviction, se retrouverait réunie à l'heure du danger, à la voix des chefs que les cavaliers ont élus. Si un événement grave survenait, l'escadron se réunirait spontanément au quartier, le matin, à 10 heures, sans qu'il fût besoin d'une convocation.

Le chef de corps,

Signé : Gabriel Benoit-Champy.

POST-SCRIPTUM

Ces documents militaires devaient paraître au mois de novembre 1871, à la suite du *Casque Prussien* (1), petit volume dans lequel nous venions de grouper nos impressions et souvenirs anecdoctiques de la guerre. Des raisons de convenance nous firent alors retarder cette publication. Cependant, à propos de notre premier livre, nous avions reçu une lettre bien précieuse et dont il nous est impossible de ne pas citer aujourd'hui ces lignes :

« ... Je viens de lire votre *Casque Prussien*,
« mon cher Rodrigues, et j'en ai éprouvé grand
« plaisir... C'est écrit avec une verve charmante,
« et j'ajouterais avec une exactitude scrupuleuse
« et une grande justesse d'appréciation, si vous
« n'aviez dit trop de bien de votre ancien général
« en chef. Quoiqu'il en soit, je ferai tout mon
« possible pour justifier cette bonne opinion de
« mon ancien éclaireur.
            « Général A. DUCROT.
« Versailles, 28 décembre 1871. »

Avant de publier ces pièces officielles et ce journal du *Blocus de Paris*, il était de notre devoir de les soumettre à l'approbation de notre général en chef. La lettre ci-jointe que le général Ducrot a bien voulu nous adresser est un témoi-

---

(1) Lachaud, éditeur.

gnage si honorable pour nos anciens compagnons d'armes, que nous nous empressons de la mettre sous les yeux de nos lecteurs :

« Mon cher Rodrigues,

« J'ai lu avec grand intérêt le travail que vous
« avez bien voulu me communiquer; j'y ai re-
« trouvé la justesse de coup-d'œil et l'exactitude
« habituelle des éclaireurs du quartier général de
« la deuxième armée, ces vaillants compagnons
« de mon fidèle et dévoué Franchetti !... A la
« rigueur j'aurais bien à signaler quelques légères
« erreurs, conséquence inévitable de notre situa-
« tion, mais elles n'altèrent pas d'une manière
« importante l'exactitude de l'ensemble des
« faits, et je craindrais en les signalant de déflo-
« rer votre récit.

« La rectification se trouvera tout naturelle-
« ment dans les quelques documents que j'aurai
« probablement occasion de livrer prochaine-
« ment à la publicité.

« Je vous serre la main, mon cher Rodrigues,
« et vous renouvelle l'assurance de mes senti-
« ments affectueux.

« Général A. DUCROT.

« Versailles, 7 mai 1872. »

En attendant avec impatience l'ouvrage considérable, le monument historique et militaire annoncé par l'ancien général en chef de la 2e armée de Paris, nous espérons que le lecteur lira avec quelque intérêt ce journal d'un simple éclaireur. Mais ce serait mal répondre à la haute bienveillance de notre ancien chef et à la confiance de nos lecteurs, que de ne pas rectifier sommairement ici les *quelques légères erreurs* signalées dans notre journal.

D'obligeantes communications nous facilitent cette tâche : 1° Le rapport de M. Krantz, ingénieur en chef, chargé de l'opération des ponts sur la Marne (28 et 30 novembre 1870). Ce document, très développé, figure à nos appendices page 183 ;

2° Le décret du gouvernement de la défense nationale, en date du 27 novembre 1870, nommant le général Ducrot commandant en chef des armées françaises, — dans le cas où cette jonction avec l'armée de la Loire, *annoncée* par Gambetta pour le 6 décembre, aurait pu l'effectuer à Fontainebleau ! ! !

Cette pièce officielle répond au bruit qu'on avait laissé courir aux avant-postes, du départ du général Trochu, le 28 novembre, et de la nomination éventuelle du général Vinoy à la tête du gouvernement... — bruit que notre journal, tenu au jour le jour, ne pouvait éviter de signaler (Voir aux *Appendices*, page 275) ;

3° Le troisième document que nous regrettons de ne pouvoir publier, est un rapport allemand indiquant les travaux prussiens en voie de préparation dès le 1er octobre, entre la première ligne et la seconde ligne d'investissement de Paris. Ce plan indique clairement que la sortie du 21 octobre n'est venue modifier en aucune façon les défenses projetées par l'ennemi. Nous avions attribué à la défaite des Prussiens, le 21 octobre, les nouveaux retranchements, accumulés par eux depuis cette époque, à la porte de Long-Boyau et à la Bergerie... Il n'en était rien. Ces travaux qui se poursuivaient sans relâche, étaient commencés lors de la brillante affaire de la Malmaison, et cette sortie n'avait eu d'autre but que de les reconnaître et de relever en même temps le moral des jeunes troupes — moral très affaibli par la bataille de Châtillon, où elles avaient vu le feu pour la première fois ;

4° Notre dernière (?) erreur provient d'un faux renseignement. *Un ami du général Vinoy* nous avait annoncé que le 30 novembre le général avait repris le mouvement d'attaque sur Choisy-le-Roi — diversion arrêtée le 28... s'il faut croire le livre publié récemment par M. Vinoy ; il paraîtrait au contraire que le 30 ses troupes ne sont sorties qu'à trois heures — c'est-à-dire plusieurs heures après la victoire de Villiers ! quand cette démonstration militaire devenait sans objet.

**

Un dernier mot.

Les essais d'histoire contemporaine sont toujours des recueils de documents et le plus souvent des pamphlets — véritables échos d'une polémique entre rivaux... Il y a si peu d'hommes assez désintéressés des choses de la politique ou de la guerre, pour retracer avec impartialité tout ce qui s'est déroulé sous leurs yeux, sans profiter de l'occasion pour justifier les uns ou critiquer les autres, et cependant il est nécessaire aux historiens à venir de bien connaître les événements de chaque jour, l'impression personnelle des témoins oculaires et ces *mondes de choses et d'idées* qui, sans laisser de traces apparentes dans les faits, n'en sont pas moins une de leurs causes déterminantes... C'est dans cette pensée que nous avons voulu grouper ensemble les opérations de la deuxième armée et les marches de l'escadron Franchetti, avec exactitude et simplicité, c'est-à-dire sans chercher l'effet et telles qu'elles avaient lieu quotidiennement.

En dédiant ces notes à la glorieuse mémoire de Franchetti, je crois répondre au vœu de tous nos anciens camarades et amis du quartier de l'Alma, du bivouac de Nogent, du campement aux Lilas et de la presqu'île de Gennevilliers...

EDGAR RODRIGUES.

Paris, 8 mai 1872.

APPENDICES

Pièces officielles. — Ordres. — Le dossier Bazaine. — L'armée de Châlons. — Le maréchal Mac-Mahon et le prince Royal.

LETTRES CURIEUSES

TROUVÉES PENDANT LA COMMUNE

Le 15 septembre 1870, un général reçut la lettre suivante :

Ministère de l'Intérieur.

« Monsieur le commandant (1),
« Je désirerais visiter le fort et voir les approches. Je vous prie de vouloir bien me recevoir.

» *Le ministre de l'intérieur,*
» LÉON GAMBETTA. »

Cachet du Ministre.

(Ce fut le début de la carrière militaire du futur dictateur de Tours. — Le fort était : Vincennes.)
Gambetta voulait faire incendier le bois de Vincennes et la forêt de Sénart... Mesures radicales !

Lettres indiquant le désarroi de l'intendance en particulier, et des administrations en général :

Paris, 22 septembre 1871.

Mon cher général,
Merci de votre lettre. Toutes les troupes, mobiles ou autres, en dehors de Paris, doivent tou-

---

1) Le général Ribourt.

cher les vivres de campagne et recevoir la solde de la troupe.

Je ne comprends pas comment il y a pu avoir doute à cet égard, car j'ai fort souvent répété la même chose aux intendants et aux commandants de la 1re division.

Prenez donc vos dispositions en conséquence.

Gardez-vous bien de retirer votre détachement de chasseurs du plateau de l'Epine.

Il sera, avec la mobile, sous les ordres du lieutenant-colonel Reille.

L'ennemi dirigera ses attaques sur Saint-Denis par le mont Pinçon et Montmorency, sur le Point-du-Jour par les hauteurs de Meudon et la position de Châtillon. Il établit des batteries sur tous ces points.

Tâchez d'arriver à ce que le bataillon qui est dans la Boucle au-delà de la Faisanderie soit toujours le même. Le général Tripier le désire.

J'ai répondu sans retard à votre lettre (1).

Je vous exprime mes meilleurs sentiments.

GÉNÉRAL SCHMITZ.

Paris, 26 septembre 1870.

Ministère
des Travaux publics.

Monsieur (2),

J'ai chargé la commission d'armement d'étudier la construction d'une *nouvelle fusée*. Je dé-

---

(1) Lettre demandant des instructions relatives aux vivres et à la solde en dehors des fortifications. Signée le commandant de Vincennes.

(2) A M. le général commandant le fort de Vincennes. (Quelle hérésie! Monsieur à un général!)

sire en faire moi-même l'essai. Je vous prie de vous en entendre à ce sujet avec M. Marçais, ingénieur, membre de la commission.

Agréez, monsieur, l'assurance de ma haute considération.

Le ministre des travaux publics,
DORIAN.

Cachot.

---

7 octobre 1870 (1)

Ministère des Finances.

Monsieur le commandant,

M. E. Tisserand, le directeur des établissements agricoles de l'ancienne liste civile, me signale un champ de betteraves dépendant de la ferme de Vincennes et voisin de la redoute de Gravelle dont la récolte n'a pas encore été enlevée. Il y a intérêt à soustraire ces betteraves à la destruction de l'ennemi et des maraudeurs.

J'ai donné ordre de procéder à l'enlèvement, et je vous serai obligé de vouloir bien prêter votre concours à M. Tisserand pour qu'il puisse le faire exécuter le plus tôt possible. — La récolte devra être rentrée à Paris...

ERNEST PICARD.

Place de Paris.

Note circulaire aux généraux.

Général,

Vous trouverez ci-joint une nouvelle série de

---

(1) Depuis quinze jours les corvées de légumes avaient été ordonnées sous la protection des éclaireurs Franchetti, dans la presqu'île de Gennevilliers.

mots d'ordre arrêtée par le ministre de la guerre, dont vous m'accuserez réception par lettre et *par le télégraphe*.

Cette série porte des numéros d'ordre qui permettront, dans le cas où pour une circonstance quelconque, il serait nécessaire de changer le mot du jour, de vous en donner accès par le télégraphe en vous indiquant le numéro à prendre, sans mentionner les mots.

Vous voudrez bien mettre cette série à l'abri de toute indiscrétion; et, en cas de danger, vous devrez la détruire afin qu'elle ne puisse pas tomber entre les mains de l'ennemi.

Général commandant la Place,

DE MAUSSION.

P. S. Cette série commence le 27 décembre. L'autre annulée.

—

La lettre suivante a été trouvée à Saint-Mandé :

GOUVERNEUR DE PARIS
État-major général.

« Mon cher capitaine,

» Deux dames courageuses veulent affronter tous les périls pour aller à l'île de Beauté pour y reconnaître une propriété dans laquelle l'une possède (ou croit posséder encore) une quantité respectable de bois et de fourrages qu'elles ont la prétention de faire rentrer dans Paris.

» Je prends la liberté de vous les adresser, afin que vous les accueilliez le mieux possible au sujet de cette téméraire entreprise, et que vous les en dissuadiez si vous jugez vraiment que cela soit imprudent.

» Veuillez agréer, cher monsieur, etc.

Commandant DELATRE.

Ce Vendredi 13.

N. B. Ce sont des espionnes.

—

Vincennes, 28 octobre 1870.

Mon cher général,

Je vous remercie de m'avoir fait savoir que deux officiers de ma brigade ont hier, s'appuyant sur la suspension des hostilités, dépassé les avant-postes et *sont entrés* en communication avec les officiers prussiens.

Bien que la circulaire du général gouverneur dont vous me parlez ne nous soit pas encore communiquée, le général commandant la division n'en a pas moins ordonné que MM. (1) garderaient les arrêts simples pendant huit jours pour le fait que vous m'avez signalé.

Je vous serre la main.

Général DE BERNIS.

—

Paris, 20 novembre 1870.

MINISTÈRE DE LA GUERRE

—

4ᵉ division d'Artillerie.
3ᵉ Bureau. Matériel.

Général,

En réponse à votre lettre du 18 novembre der-

(1) Nous croyons devoir supprimer les noms.

nier, relative à des envois de poudre à Vincennes, j'ai l'honneur de vous informer que les ordres d'envoi n'émanent pas du ministère de la guerre, mais de M. le général de division Guiod, lieutenant supérieur de l'artillerie. C'est à cet officier général que vous devez adresser vos observations, si vous le jugez convenable.

Vous remarquerez, d'ailleurs, que la contenance normale des magasins de poudre de la place de Vincennes est de 144,300 kilogrammes.

Recevez, etc.

Le ministre de la guerre,
Le Flo.

—

Paris, 27 novembre 1870.

Gouvernement de la Défense nationale.

Monsieur le Général Ducrot, commandant supérieur de la deuxième armée de Paris, est nommé général en chef des armées françaises; dans le cas où la jonction de ses troupes avec les armées de secours pourrait s'effectuer en province.

Signé : Général Trochu, J. Favre, E. Arago, E. Picard, Garnier-Pagès, Jules Simon, E. Pelletan.

—

27 décembre.

État-major général.

Général,

J'ai reçu la plainte en conseil de guerre concernant le nommé *Barbasse* (Pierre Barthélemy), garde mobile au 3ᵉ bataillon de l'Hérault, inculpé de refus formel d'obéissance.

J'ai l'honneur de faire connaître qu'à la date

de ce jour j'ai déclaré qu'il n'y avait pas lieu d'informer contre lui.

Cette décision motivée comme suit :

« Attendu que Barbasse n'a pas persisté dans son refus de marcher pour le service de grand'garde pour lequel il était commandé;

» Ce militaire devra d'ailleurs être puni disciplinairement. »

Recevez, général, etc.

Général commandant 1re division,

SOUMAIN.

En marge au crayon : 30 JOURS DE PRISON.

—

GOUVERNEUR DE PARIS
Cabinet.

—

ORDRE GÉNÉRAL DE RETRAITE.

.... Tous les bataillons de garde mobile qui ne seront pas jugés utiles par le général à l'occupation des positions où ils sont actuellement seront renvoyés à leur point de départ; s'ils peuvent y arriver avant la nuit, on pourra les embarquer par chemin de fer.

Le gouverneur de Paris,

Général TROCHU.

1 h. 20 du soir.

Au verso, au crayon :

D'après les appréciations du lieutenant colonel Warney, il y a lieu de laisser à la Boucle, à Poulangis et au Tremblay, après la retraite de la 2e armée (Ducrot), les bataillons de mobiles ci-après :

Ain (colonel D'Artu), 3 bataillons.
Vienne (colonel Mathieu), 3 bataillons.
Seine-et-Oise, 1 bataillon 1/2.
Hérault, 3 bataillons.
Total, 10 bataillons 1/2.
   Reste disponibles :
Côte-d'Or (Boucle-à-Saint-Maur), 1 ou 2.
Saône-et-Loire (Joinville-le-Pont), 3.
Côtes-du-Nord (?), 1,
Total, 5 ou 6.
   Lieutenant colonel WARNEY, à Saint-Maur,
             68, rue de Paris.

Préparatifs pour la sortie sur la M... — Ordre concernant le corps spécial des Eclaireurs (commandant Favrot).

Dans la matinée du 29, toute la cavalerie passant par les itinéraires qui seront tracés en temps opportun viendra se masser dans le champ de manœuvres de Vincennes, à hauteur de l'obélisque, derrière le 1er corps. — Deux batteries d'artillerie à cheval seront attachées à cette division et se placeront entre les deux brigades.

Elle formera un détachement composé :
Des éclaireurs Franchetti (un escadron);
D'un escadron des régiments de gendarmerie à cheval ;
D'un escadron du 13e dragons.

Ces trois escadrons seront placés à gauche de la division de cavalerie. Une section d'artillerie sera spécialement affectée au service de ce corps d'éclaireurs.

                              (Autographe.)

ÉQUIPAGES DE PONT

Le 24 novembre au soir, les ponts de la Seine seront repliés et dirigés sur Asnières
                      (rive gauche).

Vendredi, dans la journée, le matériel du pont sera chargé sur les voitures et parqué sur la place du Marché à Asnières.

Samedi, les pontonniers achèveront de l'organiser.

Dimanche soir. — L'équipage des ponts (destiné à jeter le pont) passera le pont d'Asnières et se rendra par le meilleur itinéraire au quai de Bercy (rive droite), en dedans des fortifications.

Lundi soir. — Cet équipage se dirigera sur Joinville-le-Pont et jettera un pont sur la Marne.

L'équipage de marche partira d'Asnières mardi matin vers sept heures, suivra le boulevard Magenta et celui du Prince-Eugène, passera par la barrière du Trône et se placera en colonnes sur l'avenue de Vincennes, derrière le parc d'artillerie. Il se portera ensuite derrière le fort de Nogent, où il attendra des ordres,

Général Ducrot.

Après ces documents officiels, nous publions le rapport de M. Krantz relatif aux ponts établis sur la Marne les 28 et 29 novembre.

RAPPORT

Remis au général Ducrot par M. Krantz, ingénieur en chef.

—

Mon cher Général,

Vous m'avez demandé une note sur les opérations auxquelles j'ai pris part lors du passage de la Marne, en novembre 1870 : je m'empresse de vous l'adresser.

Des récits, souvent inexacts, quelquefois malveillants, ont circulé et circulent encore dans le public à ce sujet. Je n'étais pas sans les connaître, mais je pensais que j'avais mieux à faire en ce moment que d'y répondre...

DISPOSITIONS GÉNÉRALES.

. ... Dans les premiers jours de novembre, je fus mandé au conseil de guerre où le Gouverneur m'exposa le plan de campagne si impatiemment attendu par la population parisienne. Il s'agissait de forcer les lignes ennemies par la presqu'île d'Argenteuil. Cette opération exigeait que l'armée franchît la Seine en plusieurs points aux environs de Bezons. Comme les équipages des ponts militaires n'étaient pas suffisants pour les passages projetés, je reçus ordre de préparer quatre nouveaux équipages, dont deux pour l'artillerie et deux pour l'infanterie. Egalement, de jeter un pont de bateaux sur la Seine en face de Saint-Denis, pour suppléer à l'insuffisance du pont suspendu que l'on ne trouvait pas assez solide pour le passage de l'artillerie de réserve ; enfin de réparer le tablier et les abords du pont du chemin de fer de l'Ouest à Asnières, afin de donner à nos troupes un débouché direct sur la plaine de Gennevilliers.

Les ponts de bateaux préparés devaient être, pendant la nuit qui précéderait l'action, transportés, par voie de terre ou fer, sur les bords de la Seine et posés par mon personnel.

Ce programme ne reçut son exécution qu'en ce qui concerne le pont d'Asnières, qui fut rétabli et servit, à partir de ce moment, au passage des troupes, et le pont de bateaux de Saint-Denis qui, établi avec le plus grand soin par le regrettable Baude, nous fut très-utile en diverses circonstances (1).

Pendant que je m'occupais en toute diligence à réunir le matériel et le personnel nécessaires pour l'exécution des ordres que j'avais reçus, le plan de campagne projeté subissait de graves modifications. Après mûres réflexions, il fut résolu que l'attaque projetée aurait lieu vers l'Est, et que l'armée franchirait la Marne, sous la protection de nos forts, dans la presqu'île comprise entre Petit-Brie, Joinville et Champigny.

Dans cette nouvelle combinaison, tout ce qui concernait les passages et les travaux d'appropriation en aval du pont de Joinville fut confié à MM. les ingénieurs en chef Ducros et Duverger.

Toute la partie en amont du pont de Joinville me fut réservée, et je dus me préparer :

1° A remplacer le pont de chevalet construit par le génie militaire dans le bras de droite en amont de Joinville ;

2° A jeter deux ponts, l'un d'infanterie, l'autre d'artillerie, aux pointis amont de l'île Fanac, en face de la ferme de Poulangis ;

3° Deux autres ponts aux pointis aval de l'île de Beauté ;

4° Enfin, deux autres ponts à 1,200 mètres en aval de Neuilly, au coude que fait la Marne en ce point.

Ces deux derniers ponts devaient être transportés sur essieux et suivre la route nationale n. 45.

Cette partie du programme reçut, la veille de l'exécution, une dernière modification. Il fut décidé que les deux ponts de Neuilly seraient fournis par les équipages de l'armée, et que je descendrais les miens à 150 mètres en aval de Brie-sur-Marne. Mais il me restait toujours six ponts complets à établir, plus ce demi-pont de Joinville.

(1) Tombé plus tard entre les mains des Prussiens, ce pont aurait été vendu par eux si je ne l'avais fait enlever pendant la nuit et transporter dans nos eaux à Suresne.

Enfin, comme corollaire à ce travail principal, je dus faire exécuter les rampes et chemin d'accès des ponts, débarrasser le bassin du canal Saint-Maur, la rivière et la route n. 45 des énormes abattis d'arbres qui y avaient été accumulés. Deux de mes compagnies d'ouvriers auxiliaires d'artillerie furent chargées de ce travail.

MATÉRIEL.

Avant d'entrer dans le récit même de l'action, permettez-moi d'insister sur quelques détails de préparatifs.

Les ponts d'infanterie furent constitués à l'aide de petits bateaux que je mis en réquisition. Ces bateaux avaient 7 mèt. 70 c. de longueur, 1 mèt. 75 c. de largeur au milieu et 70 centimètres de hauteur totale ; pontés sur une largeur de 3 mètres et juxtaposés à 15 centimètres près, ils formèrent un excellent pont sur lequel les cavaliers et les voitures légères pouvaient aisément passer. L'un de ces ponts a même été assez longtemps employé à Bezons et à Asnières, après le siége, pour remplacer le pont fixe qui avait été détruit.

Je crois que l'on pourrait, en construisant des bateaux adaptés à ce service, obtenir, dans le même système, des ponts de campagne légers, faciles à manœuvrer et à transporter.

Les pontons destinés au passage de l'artillerie nous donnèrent plus de peine. La nécessité de transporter sur essieux une partie de nos équipages ne nous permettait pas d'employer les margotats que l'on trouve assez aisément sur la Seine. Nous dûmes construire des pontons spéciaux.

Grâce au zèle et à l'énergie mis à ce travail, cinquante-quatre pontons furent préparés en moins de douze jours avec leurs poutres de guindage, poutrelles, tabliers de rive, etc. La distance des pontons était d'axe en axe de 6 mètres; ils pouvaient déplacer, sans s'enfoncer à plus de 20 centimètres en contre-bas du bordage, un volume de 9 mètres environ.

Leur stabilité était donc plus grande que celle des bateaux de pontonniers du modèle 1832.

En résumé, nous avions à notre disposition le jour de l'action :

180 bateaux destinés aux ponts d'infanterie, et pouvant sans les tabliers de rive, former une longueur de. . . . . 342 mètres.

54 pontons d'artillerie pouvant, sans les tabliers de rive, donner une longueur de . . 234 mètres.

Et enfin 20 batelets destinés à porter les éclaireurs et à passer les premières compagnies d'avant-garde d'une rive à l'autre.

En portant à 90 mètres la largeur maxima de la Marne, et à 45 celle du petit bras de Joinville, nous n'avions besoin que de 315 mètres de longueur de pont d'infanterie et de 270 mètres de pont d'artillerie. Nous étions donc largement au-dessus des besoins, et nous avions prudemment fait la part de toutes les éventualités.

Il va sans dire que les ancres, cordages, agrès, gaffes, avirons avaient été préparés et réunis avec la même prévoyante ampleur.

PERSONNEL.

Le personnel destiné à la manœuvre de nos ponts était constitué :

1° Par un détachement de 150 marins de l'Etat, sous le commandement de MM. Rieunier, capitaine de frégate, et Versnheider, enseigne.

2° Par trois compagnies d'ouvriers d'artillerie, sous le commandement de leurs ingénieurs.

3° Par les mariniers de la Seine, attachés à notre service depuis l'établissement des ponts de bateaux d'Ivry et des Moulineaux.

Le transport devant se faire principalement par eau, nous avions réuni une petite flottille de vapeurs composée de cinq mouches à vapeur, sous la conduite du directeur M. Chaize, et du bateau *La Persévérance*, offert et monté par son propriétaire, M. Frébault.

Ce bateau devant tenir la tête de ligne, était garni de mantelets et portait une mitrailleuse.

Enfin, j'avais demandé aux compagnies de chemin de fer un grand nombre de camions qui, attelés et munis de leurs conducteurs, se tenaient à Charenton et à Saint-Maur, pour transporter nos équipages où besoin serait. Cette partie de notre matériel était sous la direction des agents forestiers attachés à mon service.

CONCENTRATION DU MATÉRIEL ET ESSAIS.

Il était important de ne pas laisser deviner la direction sur laquelle allait se porter nos opérations ; aussi nous choisîmes deux points de concentration du matériel : l'un à Grenelle en aval de Paris, l'autre aux environs de l'île Saint-Louis en amont. Grâce à nos bateaux à vapeur nous pouvions, en peu d'heures, le réunir et le mettre en marche.

Le 26 novembre, nous fîmes entrer dans le canal Saint-Maurice les équipages qui devaient tenir la tête de ligne et qui étaient sous les ordres du commandant Rieunier.

Pour exercer nos pontonniers, nous fîmes, aux divers points de stationnement, pratiquer des essais de jour et de nuit. Grâce à leur bonne volonté, les marins et les auxiliaires d'artillerie arrivèrent promptement à ce résultat qu'ils pouvaient placer un pont sur la Seine en une heure pendant le jour et une heure et demie pendant la nuit. Il ne nous en fallait pas davantage.

Enfin, le 28 dès le matin, l'ordre de départ fut donné, et je me rendis à Saint-Maur pour surveiller l'arrivage et le passage assez difficile des écluses de Charenton et de Gravelle. Cette dernière, à peine réparée, laissait perdre beaucoup d'eau et prenait beaucoup de temps pour les manœuvres.

Nous pûmes cependant, vers huit heures, avoir notre matériel disposé, arrangé dans le bassin de Saint-Maur, chaque vapeur chauffé se trouvait en tête du convoi.

Le matériel accessoire, cordages, agrès, etc., chargé sur les camions des chemins de fer, se rendit, par dessus le souterrain, aux abords du pont de Joinville.

Tout étant prêt, le signal fut donné.

Malgré un courant assez vif, le souterrain de Saint-Maur fut très-rapidement traversé; nous débouchâmes de l'autre côté et en aval du pont de Joinville que nous devions franchir en passant sous la troisième arche dans le petit bras.

Notre petite flottille remise en ordre, on attaqua le passage.

La *Persévérance*, commandée par le capitaine Rieunier, prit la tête et s'engagea avec son convoi sous le pont.

Le courant était, en ce point d'une violence extrême, une véritable barre se présentait à l'amont. Le bateau, après avoir été jeté violemment contre les piles dut se retirer.

On força le feu, on chargea les soupapes, on largua un peu les amarres du convoi pour le rendre moins rigide et on s'engagea une seconde fois sous le pont.

Le bateau vint de nouveau heurter les piles, mais il

gagnait visiblement du terrain, quand trois pontons sombrèrent avec les hommes qui les montaient.

A la suite de cet accident, le bateau dut rétrograder ; on força encore la vapeur, on chargea les soupapes à outrance, et, après avoir remis de l'ordre dans le convoi, le bateau parvint à franchir la barre.

Mais il était onze heures. On avait perdu un temps précieux, et il devenait manifeste que nous ne pouvions pas parvenir à faire passer les convois et placer nos ponts en temps utile.

Il n'y avait donc pas à hésiter ; je dus prévenir le gouverneur et le général Chabaud-Latour de la situation. Puis, après avoir donné quelques nouvelles instructions, je me rendis au fort de Nogent, vers deux heures, pour vous aviser de l'état des choses.

Si, en aval de Joinville, les ponts confiés à mes collègues avaient été établis, on aurait pu, à la rigueur, tenter le passage, mais d'autres causes avaient aussi retardé leurs opérations, et il était manifeste qu'il ne leur était pas plus qu'à nous, possible d'arriver en temps utile.

Il ne pouvait donc rester aucune hésitation. Le passage devait être ajourné.

Le reste de la nuit et la journée du lendemain furent employés à découpler les bateaux, à les haler dans l'arche extrême de rive droite. L'opération, très-pénible d'abord, se simplifiant ensuite, nous pûmes faire passer des groupes de bateaux accouplés. On les remettait en ordre au-delà du pont, puis on les faisait remorquer par les vapeurs à destination, et au fur et à mesure de leur arrivée les ponts s'établissaient.

Le 30, à six heures du matin, la situation était celle-ci :

Le commandant Rieunier, en tête de l'île de Beauté avec ses deux ponts de bateaux, ses vapeurs et ses équipages, attendait, comme il était convenu, des ordres ultérieurs.

Les deux ponts de l'île de Beauté étaient prêts, ceux d'aval également, et le pont de chevalet remplacé.

L'armée avait donc à sa disposition, pour franchir la Marne en amont du pont de Joinville, cinq ponts complets et deux ponts disponibles, sans parler de ceux des équipages militaires ; aussi le passage s'effectua-t-il dans les meilleures conditions, et la bataille ne tarda pas à s'engager.

A onze heures, le commandant Rieunier reçut l'ordre d'établir ses deux ponts en aval de Petit-Brie ; mais, mal protégé par nos troupes et assailli par une pluie d'obus et de balles, il dut fréquemment interrompre son travail pour riposter au feu de l'ennemi. — Ses ponts furent cependant placés à trois heures de l'après-midi.

Dans cette affaire, M. Rieunier fut blessé, ainsi que trois matelots et plusieurs pontons et bateaux coulés (1). — Le mal eût été plus grand si nous n'avions pu faire diriger le feu de quelques pièces de marine sur une maison crénelée qui commandait le passage et où l'ennemi était en force.

Le soir même de la bataille du 2 décembre et après la retraite de l'armée, nous avions dû, par ordre du gouverneur, replier nos ponts. Ils ont été ramenés aux environs de Joinville, et là nous les avons visités et réparés. Bon nombre d'entre eux avaient été atteints et endommagés par le feu de l'ennemi.

Mais, mon cher général, en me demandant cette note, vous avez moins pour but d'entendre le récit d'opérations que vous connaissez fort bien, car vous avez assisté pendant une partie de la nuit du 28 à nos travaux, que d'éclairer certains faits qui ont été étrangement dénaturés.

J'arrive donc au point qui peut particulièrement vous intéresser. Quelle a été la cause réelle de notre insuccès? Je vais vous l'expliquer, et vous me pardonnerez si j'entre dans quelques détails techniques. Je ne le ferai que dans la mesure du plus stricte nécessaire.

J'écarte d'abord cette ridicule invention de ponts trop courts ; vous qui avez passé sur nos ponts avec toute votre armée, vous savez mieux que personne qu'ils ont été suffisamment longs, solides et commodes, votre témoignage me suffit. J'ajouterai seulement que les ponts posés, il me restait encore assez de bateaux de rechange pour jeter un pont de plus sur la Marne, si vous l'aviez désiré.

J'aborde un autre point qui, à vrai dire, peut paraitre plus sérieux.

J'avais dans ma dépêche au Gouverneur, indiqué que notre insuccès devait être attribué à une crue subite de la Marne.

J'ai appris depuis par les journaux qu'il n'y avait pas eu de crue, que le fait constaté par mes collaborateurs et par moi, affirmé par nous tous, n'existait pas. J'avoue qu'eux et moi nous en avons été grandement étonnés.

(1) Le jeune enseigne Versnheider fut tué à l'affaire du 2.

Cependant j'affirme encore que dès 8 heures du soir, en parcourant le souterrain de Saint-Maur, j'ai vu des arbres entraînés à la dérive, et j'estime que dans ce moment la crue commençait à se faire sentir.

J'affirme que dès 9 heures, l'un des ingénieurs me fit remarquer que le bruit des eaux au passage du pont paraissait s'accroître, et que l'île située à l'aval après avoir été à sec pendant la journée, se trouvait submergée.

J'affirme encore, et tous nous l'avons remarqué, que le lendemain, sur les bords de la Marne, il restait une laisse de vase fraîche de 0 m 75 de hauteur verticale environ. Les eaux étaient revenues au point où nous les avions trouvées la veille à notre arrivée, il y avait donc eu une crue pendant la nuit.

Ainsi, en face des dénégations brutales dont quelques journaux se sont faits les organes empressés, j'élève une affirmation nette et catégorique : *la crue a existé.*

Au milieu de ce conflit d'assertions très-fermes et absolument contradictoires, l'opinion peut rester fort hésitante. Il importe donc de montrer quelle peut être la cause d'une aussi étrange divergence d'appréciations.

J'admets pour un instant qu'il n'y eu chez nos adversaires ni légèreté, ni étourderie, ni malveillance, et je vais chercher à expliquer comment on a pu très-mal juger le lendemain et, en prenant les hauteurs d'eau, soit en Seine à Charenton, soit en Marne à l'aval du souterrain de Saint-Maur, apprécier ce qui s'était passé la veille pendant la nuit en amont du pont de Joinville.

Vous vous rappelez, mon cher général, que quatre arches du pont de Joinville avaient été démolies dans le grand bras, et que pour établir une passerelle sur les débris on a, quelques jours avant l'action, jeté les matériaux de démolition dans la rivière. Les arbres entraînés à la dérive et arrêtés en ce point, ont encore augmenté les difficultés d'écoulement. Ce fait, en reportant le principal courant dans le bras de droite, le seul qui fût à notre disposition, a singulièrement aggravé les conditions du passage. Il suffit de se reporter à ce qui a lieu encore aujourd'hui en Seine et notamment au passage de Mantes pour se rendre compte des difficultés qu'un accroissement même assez médiocre de la chute peut occasionner. Quand la dénivellation atteint 0 m. 60, nos puissants toueurs de la Seine parviennent à peine à remorquer un seul bateau. En temps et eaux ordinaires, ils en remorquent jusqu'à douze et quinze à la fois.

Une crue de courte durée, en se propageant dans une rivière, s'étale. Nous le voyons tous les jours par nos lâchures de rivière. Assez fortes à leur origine, elles s'affaissent à mesure qu'elles s'avancent et finissent par ne donner qu'une insignifiante intumescence à quelques kilomètres de leurs points de départ.

La crue éphémère de la nuit du 28, après avoir parcouru les 13 kilomètres du tour de Marne, devait donc arriver fort amoindrie en débouchant à l'aval du canal Saint-Maur.

Mais une circonstance locale particulière contribue encore à accélérer cet affaissement. Pendant que le flot principal suit le tour de Marne, une notable partie du courant se dirige plus directement vers l'aval par les deux canaux de Saint-Maur et y précède l'autre de 3 ou 4 heures au moins ; de sorte que le flot principal n'arrive à l'écluse de Saint-Maur que longtemps après celui qui s'est dérobé par la traverse.

Ce n'est pas tout encore, il est manifeste qu'un petit cours d'eau ne saurait provoquer tout seul dans une grande rivière une crue analogue à celle qu'il subit lui-même. Ainsi, par exemple un débordement de la Bièvre n'entraîne pas un débordement de la Seine ; et, pour en revenir à la rivière qui nous occupe, il est facile d'obtenir qu'une crue de 1 m. dans la Marne à Joinville ne produira pas, en raison de la puissance relative des deux cours d'eau, plus de 0 m. 36 de relèvement en Seine.

J'en ai fait le calcul d'après les formules usuelles ; il est très-simple, et je vous l'adresse dans une note séparée.

Mais si une crue persistante de 1 m. dans la Marne à Joinville ne produit qu'une intumescence de 0 m. 36 en Seine à Charenton, on peut admettre qu'une crue éphémère donnerait notablement moins, surtout en raison des diverses circonstances énumérées plus haut.

Tout porte donc à croire que la crue en Seine n'a pas dû atteindre 0 m. 30 au moment où le flot est arrivé et a pu et dû passer inaperçue.

Ceci explique, mon cher général, la divergence d'appréciation qui s'est produite dans le public au sujet de cette crue de la Marne.

Toutefois, il convient encore de mentionner un fait moral qui a joué un trop grand rôle dans nos affaires pour être passé sous silence : je veux parler de cette épidémie d'ambition et de vanité qui s'est emparée de nos concitoyens ; chacun se donne un rôle dans les événements, raconte particulièrement ce qu'il n'a pas vu, professe spécialement ce qu'il ignore et tient à faire connaître au public ses appréciations.

On est stupéfait quand on a lu les publications qui pullulent aujourd'hui, des ressources de science, de courage, de dévouement sans parler du génie, que notre malheureux pays possédait. Plus stupéfait encore qu'avec de si prodigieux moyens nous ayons si mal réussi.

Car malheureusement malgré ces innombrables sauveurs qui se révèlent après coup, notre pauvre France n'a pas été sauvée. Il nous reste de ce côté de grands devoirs à remplir, et les gens de cœur ne sauraient aujourd'hui avoir qu'un but, qu'une pensée, qu'une ambition, celle de relever la France et de la rendre à nos enfants telle que nous l'avons reçue de nos pères, grande et honorée.

Sur ce point, mon cher général, je sais que nous sommes en plein accord et que nos humiliations vous pèsent plus qu'à personne.

Permettez-moi, en terminant, de saisir cette occasion pour vous remercier encore des paroles pleines d'affection et de cordialité que vous nous avez adressées au moment de franchir la Marne et d'engager la bataille. Vous nous avez en quelques mots, payés de nos peines et elles avaient été grandes.

Agréez, je vous en prie, mon cher général, l'assurance de mon respectueux et bien affectueux dévouement.

B. KRANTZ.

CALCUL A L'APPUI DE LA NOTE

Les débits en un même point d'une rivière peuvent, sauf les cas extrêmes de débordements, être calculés assez exactement par la formule $q = m \sqrt{h^3}$

m étant un coëfficient spécial à chaque partie de rivière et que l'expérience détermine ; — h, la profondeur moyenne des eaux pour l'état particulier que l'on considère.

Il résulte de là qu'au même point les débits sont en

raison directe des racines carrées des cubes des hauteurs moyennes, ce qui indique la formule suivante :

$\dfrac{q'}{q} = \sqrt{\dfrac{h'^3}{h^3}}$ Si nous faisons $q = 20$, $h = 1,00$, $= 2,00$, nous nous aurons $q = 56$. Ce qui veut dire que, sur la Marne, à Joinville, où ces données s'appliquent assez bien, un relèvement de 1 mètre au-dessus de l'étiage porte le débit à 56 mètres cubes par seconde, soit 36 mètres de plus qu'à l'étiage.

Le débit d'étiage en Seine étant à Charenton de 75 mètres environ, devient alors de 100 mètres, et la hauteur correspondante x, donnée par la même formule $\dfrac{q'}{q} = \dfrac{110}{74} \sqrt{\dfrac{x}{1,20}}$, devient 1,56. L'exhaussement est donc de 1,56 — 1,20, soit 0,36.

Dressé par l'ingénieur en chef,

J. KRANTZ.

Paris, le 20 février 1871.

ORDRE DE BATAILLE DES TROUPES

pour l'affaire du 21 *décembre* 1870.

PREMIER CORPS.

Division Susbielle. — Village d'Aubervilliers.

Division Berthaut. — Entre Aubervilliers et la Courneuve : 1ʳᵉ brigade à droite de la route impériale de Lille ; 2ᵉ brigade à gauche. Artillerie entre les deux brigades, à hauteur du fort d'Aubervilliers.

Division Courty. — Entre le fort d'Aubervilliers et le village de Bobigny : Une brigade à droite de la route des Petits-Ponts, une à gauche. Artillerie, en arrière des deux brigades, à cheval sur la route des Petits-Ponts.

Réserve d'artillerie. — En arrière de l'artillerie divisionnaire du général Courty.

DEUXIÈME CORPS.

Division Bellemare. — Village de Merlan.

Division Mattat. — Entre Bondy et Noisy, en arrière de la route nationale de Metz : Artillerie entre les deux brigade, derrière le petit bois, au bord du canal, à droite de Bobigny.

Brigade Reille. — Noisy-le-Sec : Formée entre le chemin de fer et la route de Metz, à gauche de la 2ᵉ brigade de la division Mattat.

Division Faron. — Entre Bagnolet, Romainville et le fort de Noisy : Artillerie sur le plateau, aux environs de Romainville.

Réserve d'artillerie. — A gauche du village de Bondy, entre le chemin de fer de Strasbourg et la route de Metz.

Réserve générale d'artillerie. — Romainville, derrière le chemin de fer de Strasbourg, gauche appuyée à la route nationale de Metz : Parc sur le plateau, en arrière du fort de Noisy.

Cavalerie. — En avant du chemin de fer de Strasbourg : A gauche et à droite de la route des Petits-Ponts.

Brigade d'éclaireurs, commandant FAVROT. — Entre Noisy et Bondy : (un peloton s'avancera jusqu'à la forêt et reconnaîtra les positions de l'ennemi, avant sept heures).

Services administratifs. — 1ᵉʳ corps, derrière Aubervilliers ; 2ᵉ corps, derrière le chemin de fer de Strasbourg, entre Bondy et Noisy. — *Réserve Parou* : Derrière le chemin de fer de Strasbourg, entre Romainville et le fort de Noisy.

Pontonniers. — A Pantin : près du canal de l'Ourcq, à partir de la route des Petits-Ponts.

Dès le signal donné par l'amiral La Roncière de l'occupation du Bourget, toutes les troupes se porteront en avant (huit heures).

Un grand drapeau tricolore sera arboré sur les positions.

Un peloton de gardes nationaux (cavalerie) ayant demandé à marcher, sera mis sous les ordres supérieurs du commandant Favrot et suivra la colonne de cavalerie.

Quartier général, 14 janvier 1871.

DÉFENSE DE PARIS

2e ARMÉE
Etat-major général.

Mon cher général,

Cette nuit, je fais exécuter une opération sur le plateau d'Avron.

Pour détourner l'attention de l'ennemi, je vous prie de faire tirer sur Noisy-le-Grand quelques salves par les batteries du fort de Nogent et celles qui l'avoisinent pendant une heure environ, à partir de 1 heure 1/2.

Recevez, mon cher général, l'assurance de mes sentimens affectueux.

Le général commandant en chef,
A. DUCROT.

A M. le général Ribourt, commandant à Vincennes.

DÉPÊCHES DU GÉNÉRAL TROCHU

envoyées du Mont-Valérien au général Vinoy.

—

DÉPÊCHE ÉCRITE AU CRAYON.

Général Trochu à général Vinoy.

Mont-Valérien, 19 janvier, 10 h. du matin.

Vous tenez la redoute de Montretout. Le point 112, le plateau 155, le château et les hauteurs de Buzenval sont occupés par Bellemare, qui fait attaquer la maison Craon.

Le moment me paraît venu de porter votre artillerie sur le plateau, comme il a été convenu, pour tirer sur tout le bassin de Garches ; elle pourra même s'étendre jusqu'au plateau 155, si l'artillerie de Bellemare, qu'il faudra consulter à ce sujet, n'y est pas arrivée. Elle est encore à la Fouilleuse.

Signé : Général Trochu.

DÉPÊCHE.

Gouverneur à général Vinoy.

Mont-Valérien, 19 janvier, 1 heure.

Appuyez énergiquement le général Bellemare avec votre canon, partout où il peut se développer, et avec une part de vos effectifs. Le général Ducrot, qui est à la droite avec peu de monde, souffre beaucoup.

Si vous aidez Bellemare, Bellemare pourra aider Ducrot.

Signé : Général Trochu.

NOMS ET ADRESSES

des Victimes de la bataille de Buzenval, et dont les corps ont été relevés le 21 janvier, par les soins de M. Macé, commissaire de police délégué.

Lézer, 19 ans, rue Abattucci, 5.
Dingreville, 28 ans, boulevard d'Italie.
Carchan, 27 ans, rue Ulrich, 4.
Nanin, 45 ans, avenue de Neuilly, 44.
Bruxelles, 30 ans, rue de la Pompe, 83.
Faivre (capitaine), 38 ans, rue Versigny, 32.
Grothé, 27 ans, rue Sévrar, 34.
Sajot, 23 ans, boulevard Saint-Jacques, 11.
Lacarel, 36 ans, impasse Saint-Bernard, 5.
Luzier, 31 ans, rue Montmartre, 59.
Bert, à Passy.
Hébert, 31 ans, Cité Beauharnais, 13.
Drouet, 27 ans, rue de Rivoli, 4.
Sourdon (capitaine), 53 ans.
Desouche, 46 ans, rue de Montreuil, 20.
Mollière, 28 ans, rue Mouffetard, 70.
Stainbach, 23 ans, rue des Prés, 46 (Montreuil).
Galoche, 46 ans, quai de Passy, 24.
Damamm, 30 ans, rue du Hazard, 1.
Dambrun, 28 ans, rue Faubourg-St-Antoine, 235.
Sauton, 21 ans, quai de Passy, 1.
Daniel, 32 ans, rue de Longchamp, 1.
Chabanette, 50 ans, rue de l'Université, 119.
Bardillon, 29 ans, rue de Charenton, 96.
Moreau, 44 ans, rue d'Aguer, 6¹.
Krier, 28 ans, rue des Blancs-Manteaux (Hôtel de France).
Robert, 59 ans, quai de Passy, 10.

Petitot, 28 ans, rue du Château-d'Eau, 42.
Thery, 30 ans, rue Saint-Dominique, 121.
Chauvin, 27 ans, rue Saint-Paul, 21.
Charria, 42 ans, impasse Saint-Marie, 13.
Espritoz, 23 ans, rue de l'Hôtel-de-Ville, 22.
Mathieu, 38 ans, rue d'Hauteville, 92.
Pajot, reconnu par M. Morel, impasse Ménilmontant, 7 (ter).
Savreux.
Gizard, 25 ans, rue d'Assas, 35.
Reltyen, 29 ans, rue Abattucci, 61.
Lapierre, 51 ans, avenue de Neuilly, 140.
Pingeon, 21 ans, rue Amelot, 54.
Delourmel, 33 ans, rue de Calais, 3.
Lelarge, 38 ans, rue du Faubourg St-Antoine, 65.
Petit, 32 ans, rue de Douai, 47.
Sempé (adjudant), 42 ans, rue de Seine, 91.
Bernard, 26 ans, rue de Berlin, 11.
Froizé, 53 ans, rue des Deux-Ponts, 20.
Duilos, rue Gros, 2 (Auteuil).
Musset, 21 ans, quai de la Rappée, 20.
Nicolas, 25 ans, rue du Poteau, 10.
Marquet, 33 ans, rue d'Aumale, 8.
Lelayter, 33 ans, rue Jean-Bologne, 16 (Passy).
Gerbert, 20 ans, rue de la Roquette, 51.
Labarre, reconnu par M. Morel.
Montenat, 35 ans, rue d'Argenteuil, 10.
Calmels, rue Pajou, 43 (Passy).
Toupenay (caporal), 31 ans, rue du Terrier-au-Lapin, 27.
Hanlet, 18 ans, rue du Faubourg St-Antoine, 195.
Frugier, 28 ans, rue Geoffroy-Lasnier, 42.
Maye, 43, rue Saint-Dominique, 21.
Daru, 28 ans, rue Talbot, 5.
Thiel, 37 ans, Cours-de-Vincennes, 26.
Mitchell, 17 ans, avenue d'Eylau, 101.
Mayer, 40 ans, rue Jean-Nicot, 18.
Lecoq, 20 ans, rue de Bercy, 112.
Larmussieau (caporal), 20 ans, rue du Caire, 40.
Cormont, 46 ans, rue d'Elenger, 3.

Buisson, 25 ans, rue du Mont-Cenis, 113.
Boucher, 30 ans, rue de l'Annonciation, 34 (Passy).
Petion, 34 ans, rue Cler, 48.
Daumail, 49 ans, rue du Dragon, 11.
Bouhin, 28 ans, rue Keller, 31.
Demarquet, 28 ans, route de la Révolte, 11 (*bis*).
Radut, 22 ans, rue Neuve-Popincourt, 11.
Coccu, 16 ans, boulevard Voltaire, 196.
Vittecoq, 38 ans, avenue d'Orléans, 7 (Mont-Rouge).
Labin, 35 ans, avenue de Saxe, 48.
Chauvet, 37 ans, reconnu par M. Barthé, boulevard Voltaire, 88.
Mandement (lieutenant), 35 ans, rue Mazagran 7.
Fournier, 17 ans, rue Turbigo, 41.
Marchand, 27 ans, rue Jolivet, 6.
Roux, 23 ans, rue Grégoire-de-Tour, 21.
Lamothe, 28 ans, rue Saint-Louis, 25.
Albaret, 30 ans, rue de Rivoli, 96.
Voillemin, 30 ans, rue Pierre-Levée, 9.
Philippe (sergent-major), 28 ans, rue Richelieu, 19.
Sourde (zouave), 30 ans, caserne de la Courtille.
Lecler, 40 ans, rue Pajol, 18.
Bonnefroy, 29 ans, rue Raymont, 47 (Passy).
Clouet, 32 ans, rue Montmartre, 56.
Morlanne, 42 ans, rue de Vallois, 27.
Simonneau, 27 ans, boulevard Ménilmontant, 121.
Pommier, 26 ans, passage Landrieu, 15.
Prevost, 18 ans, rue de l'Université, 17.
Launay, 27 ans, rue Blanche, 68.
Debru, 44 ans, rue Breda, 32.
Béton, rue de Babylone, 50.
Cauchot, 38 ans, rue du Ranelagh.
Andrieu, 47 ans, avenue Marbœuf, 2 (*bis*).
Cochet, 30 ans, rue de Reuilly, 34 (*bis*).
Glaude-Appert, rue de Montreuil, 110.
Cuisinier, 24 ans, rue de l'Hôtel-de-Ville, 18.
Morisseau, 33 ans, rue de Babylone, 3.
Webert, 20 ans, rue Royale-Saint-Honoré, 19.

Gatignon, reconnu par M. Morel.
Coqueret, 24 ans, quai Voltaire, 25.
Bureau, 35 ans, rue de Reuilly, 3.
Jadot, reconnu par M. Morel.
Sauviac, rue Saint-Médard, 36.
Coinchon, 25 ans, rue Saint-Paul, 8.
Voinchot, 21 ans, rue des Entrepreneurs, 26.
Pierson, 28 ans, rue Androuet, 6.
Ambacher, 42 ans, rue Blanche, 7.
Nolet, 41 ans, rue de la Comète, 15.
Jund (lieutenant), 35 ans, rue Christine, 17.
Camus, 25 ans, rue Duvivier, 22.
Lonyen, rue de l'Hôtel-de-Ville, 18.
Janin, rue Saint-Paul, 8.
Froizy, caserne Montempoivre.
Minsard, 26 ans, rue Oberkamp, 102.
Chatelain, 18 ans, rue aux Ours, 18.
Finot, 26 ans, rue du Faubourg-St-Antoine, 137.
Nicolas, 40 ans, rue d'Amsterdam, 70.
Bourdet, rue Neuve-des-Petits-Champs, 61.
Pérosinet, 29 ans, rue Saint-Bernard, 24.
Laurent, 34 ans, rue de la Roquette, 104.
Guirche, 39 ans, rue Neuve-des-Mathurins, 39.
Vigarie, 32 ans, rue Daguerre, 21.
Bernard, 18 ans, impasse Saint-Bernard, 9.
Corberon (sergent), 47 ans, rue des Lions-Saint-Paul, 2.
Brochard (capitaine), 26 ans, rue Fontaine-Molière, 37.
Sautarel, 35 ans, place d'Aligre, 13.
Bousard, 26 ans, rue Sedaine, 19.
Chevenard, 35 ans, passage Baudelie, 34.
Passenaud, 26 ans, rue de Montreuil.
Thorey, 46 ans, rue du Bac, 142.
Laurent, rue Guichard, 7.
Gratery, 44 ans, avenue Duquesne, 31.
Mignard (caporal), 41 ans, rue d'Astorg, 19.
Buin-de-Fye, 57 ans, rue de Vaugirard, 25.
Renault, reconnu par M. Morel, rue Oberkamp, 25.

Bornard, 41 ans, rue Verron, 19.
Chenais, 26 ans, rue Chevert, 12.
Riotot, 34 ans, rue de Constantinople, 3.
Gerbert, 42 ans, rue Rouselet, 25.
Passerieux, 31 ans, rue Fontaine, 17.
Chieze (adjudant au 109e de ligne), 36 ans, numéros matricules 5523.
Renard, 35 ans, rue Popincourt, 10.
Saintellier, 28 ans, Chaussée du Maine, 21.
X..., clairon au bataillon du Loiret.
Pauton.
X..., lieutenant du 70 de ligne.
Regnault, 27 ans, rue de Rome, 62.
Pidal, prévenu, non venu, rue de l'Assomption, reconnu par Ambrogli, rue Pajon, 43.
Buy, 28 ans, rue Boileau (Auteuil).
Marsal, 23 ans, rue du Faubourg-Saint-Honoré, 9.
Dambreville, 35 ans, rue de Reuilly, 21.
Garanger, 33 ans, Grande-Rue-de-Passy, 77.
Rebois, 23 ans, rue Versigny, 38.
Richard, 27 ans, rue des Carmes, 6.
Duranton, 27 ans, rue Duperré, 7.
Beau, 23 ans, sous-lieutenant du génie.
Tourail (capitaine), 30 ans, rue Virginie, 11.
Mellier, 27 ans, route de Versailles, 184.
Brilada, 23 ans, rue Dufour, 39
Denis, 27 ans, rue Popincourt, 11.
X..., sergent du génie, 3e régiment, numéro matricule 2278.
Thomas, 25 ans, impasse de la Santé, 3.
Minet, 28 ans, rue Oudot, 17.

Le sous-brigadier,

MARJOLLET.

RAPPORT MILITAIRE

du général de Bellemare, commandant la colonne du centre à l'affaire du 19 janvier.

Courbevoie, le 20 janvier 1871.

Monsieur le gouverneur,

J'ai l'honneur de vous adresser le rapport sommaire des opérations exécutées dans la journée d'hier par les troupes sous mon commandement.

Conformément à vos instructions, les trois colonnes de l'attaque du centre étaient parties de leur cantonnement dans l'ordre direct, c'est-à-dire en commençant par celle de droite, de manière à être au point du jour dans le dispositif d'attaque. Lorsque le signal en fut donné (1), par suite des difficultés du terrain et de certains embarras, résultant de la nuit et de la grande quantité de troupes, devant forcément suivre la même route, il n'y avait encore en position que la colonne d'attaque de droite (2) et celle du centre (3).

(1) Trois fusées tricolores tirées à 6 heures du Mont-Valérien.

(2) Le général fait confusion entre la droite et la gauche. C'est la colonne de gauche qui, encombrant les routes, a défilé la première.

(3) Nous avons constaté qu'à six heures et demie, aucune des trois colonnes n'était en ligne. Seules, les troupes du Mont-Valérien commencèrent le mouvement au signal donné par le général Noël.

L'attaque du corps Vinoy se prononçant vigoureusement à gauche, je n'attendis pas que la colonne de gauche fût arrivée, et, en laissant à celle de droite son objectif primitif, j'étendis celui de l'attaque du centre, afin de relier fortement le mouvement à l'attaque du corps Vinoy. Ces deux colonnes, disposées suivant des instructions données à l'avance, abordèrent vigoureusement les positions difficiles dont elles avaient à s'emparer, et, après une résistance sérieuse, la colonne Fournès était maîtresse de la maison dite du Curé, se reliant sur sa gauche avec la droite de l'attaque Vinoy, en même temps que la colonne Colonieu, après avoir pénétré dans la partie gauche du parc de Buzenval en pétardant les murs, bordait le plateau de la Bergerie, après avoir refoulé l'ennemi qui se trouvait dans les bois du parc.

Le mouvement d'attaque sur le château de Buzenval, dont une des colonnes du général Ducrot était chargée, ne s'étant pas encore produit, le colonel Colonieu reçut l'ordre de faire occuper ce château par un bataillon de sa colonne où il entra presque sans résistance.

Pendant ce temps, la colonne Valentin s'était formée, et comme son objectif primitif avait été enlevé par la colonne Fournès, craignant une attaque sur ma droite qui n'était pas couverte (1), je la chargeai de l'opération confiée à la colonne de gauche du général Ducrot; cette opération, consistant à s'emparer des hauteurs de droite du parc jusqu'au plateau de la Bergerie, éprouva de très grandes difficultés, et le général Valentin fut obligé d'employer successivement toutes ses réserves sans pouvoir parvenir jusqu'au plateau.

(1) Assertion peu justifiée, puisque le parc de la Malmaison était déjà occupé par une des colonnes de droite. Le général de Bellemare n'avait rien à craindre sur son flanc...

Fortement attaquée en tête et sur sa droite, elle résista vigoureusement en se maintenant dans les premières positions dont elle s'était emparée, et bientôt elle fut heureusement soutenue par les renforts de la colonne de gauche du général Ducrot. Malgré tout, l'attaque de l'ennemi, qui se renforçait à chaque instant, devenait de plus en plus vive, et je fus obligé de lui envoyer un renfort pris dans la réserve générale qui s'était, pendant les opérations, massée dans les positions qui lui avaient été indiquées.

Nos positions sur les crêtes furent plusieurs fois attaquées vigoureusement et toujours repoussées, et j'envoyai au colonel Colonieu deux pièces de 12 pour l'aider à s'emparer de la maison dite de Craon, devant laquelle il se heurtait à des défenses crénelées; malgré les efforts de tout genre, cette position ne put être enlevée.

L'ennemi avait ouvert sur nos têtes de colonne et jusque dans nos réserves un feu violent d'artillerie, sur notre front du plateau de la Bergerie et des hauteurs de La Jonchère; j'essayai de combattre les premières en établissant à ma gauche, sur la partie de la crête que nous occupions, trois batteries dont une de 7, une de 12, une de mitrailleuses; mais le peu de largeur du plateau à cet endroit n'en permit pas le développement, et d'ailleurs le feu de l'ennemi était devenu tellement violent qu'il n'eût pas été possible de rester en batterie sans épaulement préalable.

Je fis établir en équerre sur ma droite une batterie de 7 pour contre-battre les batteries de La Jonchère; j'ai tout lieu de croire que c'est à son feu, du moins en partie, que nous vîmes s'éteindre de ce côté celui de l'ennemi.

J'avais fait disposer à droite et à gauche de la Fouilleuse et à sa hauteur une batterie de 12 et une de mitrailleuses pour couvrir notre retraite et balayer les crêtes dans le cas où l'ennemi nous eût forcer d'abandonner nos positions.

Le combat de la journée fut principalement pour mes troupes un combat d'infanterie, et le feu fut tellement violent que presque tous les corps furent obligés de prendre des cartouches dans les réserves; malheureusement l'armement particulier et divers de la garde nationale mobilisée rendit cette opération presque impossible, et ce n'est qu'avec les plus grandes difficultés que je pus parvenir à en faire approvisionner quelques bataillons, principalement de la colonne Valentin.

Nous gardâmes nos positions tant sur les crêtes que dans le parc de Buzenval jusqu'à plus de minuit, et ce n'est que sur votre ordre que je les évacuai lentement et par échelon, sans être d'ailleurs sérieusement inquiété par l'ennemi.

Pendant la nuit, je m'établis fortement à la Fouilleuse, me reliant à gauche à la briqueterie par la tranchée et à droite au château de Buzenval qui resta occupé jusqu'au jour par la réserve (brigade Henrion et Valette), dont un seul régiment de la première avait donné dans la journée, et je fis rentrer successivement toutes les autres troupes dans leurs cantonnements.

Je ne terminerai pas ce rapport sans signaler la vigueur et l'entrain avec lesquels toutes les troupes ont attaqué des positions difficiles et la fermeté avec laquelle elles les ont maintenues; je citerai particulièrement le 4ᵉ zouaves et le 136ᵉ de ligne. J'ai à me louer de l'entrain avec lequel ont marché les régiments de la garde nationale mobilisée faisant partie des têtes de colonnes d'attaque, et quand j'aurai reçu le rapport détaillé des officiers généraux, je vous signalerai ceux qui se seront distingués plus particulièrement; j'aurai l'honneur en même temps de vous adresser les états de pertes, tués, blessés ou disparus, ainsi que des mémoires de proposition.

Signé : DE BELLEMARE.

Il est probable que le général de Bellemare a pu rectifier lui-même les inexactitudes de ce rapport, adressé au gouverneur de Paris, le lendemain de Buzenval. Les publications officielles faites sur les opérations militaires, modifient plusieurs des récits trop rapidement écrits par le commandant de la colonne du centre.

CONTROLE PAR ANCIENNETÉ DE L'ESCADRON FRANCHETTI

ÉTAT-MAJOR

Franchetti (Léon), chef d'escadron ✳, décoré le 15 octobre 1870; chef de corps,

Le commandant Favrot de Kerbreck prend le commandement supérieur de l'escadron le 6 décembre 1870.

Benoît-Champy (Gabriel), capitaine-commandant ✳ O, nommé officier de la Légion d'honneur le 8 février 1871.

Joly de Marval (Edouard), capitaine adjudant-major ✳, décoré le 8 décembre 1870.

Lacombe (François), lieutenant, premier peloton, ✳, décoré le 10 décembre 1871.

MEMBRES DU CONSEIL DU CORPS

Rodrigues (Edgar), médaille militaire le 25 octobre 1870.

Debost (Emile), maréchal des logis le 15 novembre 1870.

Crabère (Germain), détaché auprès de l'amiral Pothuau, le 15 novembre 1870.

Simonne (Albert), sous-lieutenant, hors peloton.

Beaulieu (Emile), sous-lieutenant, trésorier d'administration.

De Susini (Paul), sous-lieutenant, troisième peloton.

Portet (François), sous-lieutenant, deuxième peloton.
Worms (Lucien), ✻ sous-lieutenant hors rang, décoré le 8 février 1871.
Fournier (Charles), adjudant.
Leroy d'Etiolles (Raoul) ✻, chirurgien.
Barthélemy (Pierre), vétérinaire,

SOUS-OFFICIERS ET BRIGADIERS

Malherbe (Gustave), maréchal des logis chef (au dépôt).
Taconnet (Ferdinand), maréchal des logis,
De Kergariou (Emmanuel), maréchal des logis, décoré le 25 octobre 1870.
Paillard (Jules), maréchal des logis.
Clancau (Emile), maréchalerie. —
Champlouvier (Charles), —
De Dauvet (Louis), —
Rogniat (Abel)✻, vaguemestre, —
Billat (Henry), —
De Marey (Albert), secrétaire —
  du général Ducrot, le 10 décembre 1870.
Brunard (Georges), maréchal des logis fourrier,
Crémieux (Jules), brigadier,
Couteau (Aristide), —
Pilté (Alphonse), —
Carriès (Henry), —
Coignet (Henry), —
Chatelain (Félix), médaillé le 8 décembre 1870.
Robert (Paul), —
Juif (Emile), —
De Grimaud (Marcel, —
Speneux (Louis), —
Tollu (Camille), —
De Susini (Fernand), — médaillé, avril 1872.
Félippini (Antoine), —
De Bechman (Fernand), ✻ décoré le 20 oct. 1871.
Cabany (Julien), —
Marchand (Henry), — médaillé, avril 1872.
Waché (Edouard), —

De Beckman (Raoul), — médaillé après la Commune.
Malroux (Jean). brigadier-trompette.
Duval (Ernest), trompette.
Dalotel (Louis), —

LISTE DES CAVALIERS-ÉCLAIREURS

Rodrigues (Edgar), médaillé le 25 octobre 1870.
Soupe (Antonin), —
De Montaudin (Alph.), —
Guérin (Edmond), médaillé le 8 décembre 1870.
Lavril (Emile), —
Delahaut (Paul), —
De Bédée (Léon), médaillé le 8 décembre 1870, cavalier de 1re classe.
Sarran, —
Grimont (Marcel), —
Sirot (Jules), —
De Matignon (Louis), —
Pellerin (Albert), —
Bobe (Alfred), — cavalier de 1re classe.
Darbaud (Charles), —
Cavailhon (Edmond), —
De Mayrena (Raymond), —
Cottrel (Charles), — cavalier de 1re classe.
Soupplet (Frédéric), —
Flamand (Emile), —
D'Erceville (Alfred), —
Sibut (Marius), —
Laporte (Jean-Baptiste), —
Estève (Henry), —
Lefèvre (Raoul), —
Le Maux (Paul), —
Lasseron (Georges), —
Franconi (Georges), —
Debrousse, —
Champeaux (Jean), — médaillé, avril 1872.
Lecoutre (Pierre), —

Roche (Réné), — éclaireur,
Maes (Emile), —
Lévy (Armand), —
Guéret (Philippe) —
Dupré (Alfred), —
Chéradame (Louis), —
Bonnet (Gustave), —
Gaidan (Auguste), — médaillé le 8 décembre 1870.
Larivière-Renouard, —
De Freyssinet, —
Rostand (Arthur), —
Oberkampf (Paul), —
Billié (Julien), —
Brinquant (Raoul), — médaillé le 9 février 1871.
Kévrin (Louis), —
De Bully (Léon) ✻, — décoré le 8 décembre 1870.
Bégé (Jules) ✻, — décoré le 8 décembre 1870.
De Larochefoucault (Raoul).
De Beauvais (Auguste), —
Larsonnier (Raymond), —
Vatel (Eugène), —
Mahier (Georges), —
Maunier (Ferdinand), —
Leduc (Albert), —
Marienval (Gustave), —
Lacasse (Georges), —
Distribué (Eugène), —
Fontana (Charles), —
Le Boucher (Léon), —
Joannès (Franç.-Emile) —
De Bussière (Edmond), — médaillé le 9 février 1871.
Versepuy (Arthur), —
Le Fez (Maurice), — médaillé le 9 février 1871.

Jay (Joseph), — éclaireur, médaillé le 9 février 1871.
Hamard (Jules), —
Le Mayé de Moyseau. —
Durosay (Georges), —
De Sinety (Henry), —
Mairet (Henry), —
Rivière (Adolphe), —
Fould (Gustave), — fonde l'escadron des volontaires de la France, dès le 15 novembre 1870.
De Borda ✻, a quitté l'escadron après la mort du commandant, engagé dans les Volontaires de la Seine est décoré le 15 juin 1872.
Izoard, médaillé le 9 février 1871, détaché auprès du colonel de Narcillac.
Schneider, médaillé le 9 février 1871, détaché auprès du général de Bellemare.
Lucy (Armand), médaille le 15 octobre 1871, avait quitté l'escadron pour s'engager dans le 69ᵉ bataillon de marche, qui s'est distingué à Buzenval.

LE DOSSIER BAZAINE (1)

Le plus jeune des maréchaux de France a comparu plusieurs fois devant la commission des capitulations ! Nous croyons savoir qu'il va lui être infligé un BLAME SÉVÈRE !

Il appartiendra ensuite au ministre de la guerre de décider si, d'après le rapport de ladite commission, un conseil de guerre doit être convoqué pour juger en dernier ressort la conduite du général en chef de l'armée du Rhin.

Enumérons ici d'après des pièces officielles les principaux chefs d'accusation portés contre le maréchal :

1° Quels furent les motifs qui empêchèrent le maréchal Bazaine de continuer, après le combat heureux de Borny et la bataille victorieuse de Rezonville, le mouvement de retraite sur la rive gauche de la Moselle, au lieu de se replier sous Metz dès le 16 août ?

Le maréchal, dans sa défense, donne trois raisons impérieuses ;

1° L'obligation d'*aligner* les vivres pour cent soixante mille hommes ;

---

(1) Les études qui terminent notre recueil de documents militaires ont été rédigés d'après des pièces officielles. Le *Dossier Bazaine* a paru en partie dans le *Figaro*. Reproduit par beaucoup de journaux, il a été l'objet d'une rectification insérée au *Journal officiel*. Nous nous bornons à faire remarquer que de tous les griefs exposés par nous contre le maréchal Bazaine, l'*Officiel* n'a pu relever qu'une seule erreur de chiffres.

2° La nécessité de *remplacer* les munitions consommées;

3° L'évacuation des blessés.

Il nous a été donné d'assister à cette bataille de Borny, et nous tenons d'un des officiers les plus compétents et les plus intrépides des détails explicatifs qui contredisent singulièrement les affirmations du maréchal Bazaine.

1° *Sur la question des Vivres.*

Il est notoire que, le mouvement de retraite ordonné, on avait pris dès le 13 août les quantités suffisantes de vivres, et que l'armée en avait assez pour gagner Verdun, objectif du maréchal.

Le pays à traverser permettait de compléter au besoin, par des réquisitions, les distributions insuffisantes; et les officiers de l'intendance avaient même reçu la mission de préparer les maires et les cantons à des réquisitions *qu'ils devaient solder au comptant* pour les besoins de l'armée en marche.

Donc, les vivres ne pouvaient manquer.

2° *Les Munitions*

Voici un tableau qui établit à un coup de canon près, le détail des approvisionnements :

L'armée avait reçu. 104,344 coups de 4
— 11,628 — 12
— 55,836 — de mitrailleus.

Total...... 171,168 coups.

Aux deux affaires de Rosny et de Bezonville on n'avait consommé que :

33,136 coups de 4
3,819 — 12
6,731 — de mitrailleus.

Total...... 43,686 coups.

Il restait donc à l'armée:

Environ 127.000 coups de canon à tirer, c'est-à-dire les munitions nécessaires pour livrer trois nouvelles batailles de l'importance des deux premières,

D'autre part, l'armée du Rhin comptait le 14 août au matin :

144 cartouches de chassepot par homme, tant dans les gibernes que dans les caissons de réserve.

La moyenne des coups de chassepot tirés à Borny fut de dix-sept par soldat.

Il restait donc 127 cartouches environ à chaque homme (le chiffre est 1,100,000 cartouches d'infanterie).

Le maréchal fait deux objections.

Le parc général d'artillerie en formation à Toul avait été tenu trop éloigné de l'armée, et avait été, dès le 12, rétrogradé au camp de Châlons.
— De plus, les rapports adressés au maréchal, sous une première et trop rapide impression, manquaient d'exactitude et indiquaient un *gaspillage* de munitions tout à fait excessif.

A ces objections il est facile de répondre.

Le parc de réserve d'artillerie est toujours très éloigné du corps d'armée en marche. — Exemple : pendant la campagne d'Italie, il est resté à Milan.

Quant aux rapports inexacts, le commandant en chef doit être en mesure de les faire contrôler rapidement.

Ce n'est donc pas faute de munitions que Bazaine arrêta le mouvement de retraite décidé en conseil de guerre dès le 9 août, au château d'Urville.

3° *Les blessés.*

C'est ailleurs encore qu'il faut chercher l'explication de la tactique du maréchal : car les blessés ne pouvaient gêner sa marche, recueillis avec empressement dans les villages, sauvegardés par la convention de Genève quand ils n'avaient pu être évacués sous Metz, dès le 15 au matin.

Voici le chiffre officiel des victimes de la bataille de Borny :

Officiers........................	23 tués.
—	121 blessés.
Troupe........................	628 tués.
—	1.885 blessés.
Disparus........................	193
Total..............	2.850 hommes (1).

Parmi les victimes de cette journée nous devons citer, avec le général Decaen, atteint mortellement, le colonel Peltier, du 2ᵉ chasseurs ; le commandant Garnier, du 5ᵉ dragons ; le commandant Alexandre, du 8ᵉ dragons...

La bataille du 16, à Rezonville, fut beaucoup plus meurtrière : car on eut affaire, ce jour-là, aux 2ᵉ, 3ᵉ, 7ᵉ, 8ᵉ et 9ᵉ corps prussiens.

PERTES :

Officiers........................	146 tués.
Troupe........................	3.401 tués.
Blessés ou disparus...........	12,000 hommes (2).
Total, hors de combat..	16.954 hommes.

Du reste, une partie des blessés, dans un état non transportable, fut laissée dans les villages, et le maréchal dut faire brûler un convoi considérable de biscuits, vivres de campagne, effets

---

(1) Ce chiffre a été élevé par les derniers rapports au nombre de 3,608. Mais nous l'avions vu figurer, tel que nous l'avons donné, sur un document officiel.

(2) Ce chiffre, donné par Bazaine, nous paraît très exagéré. Il sera contrôlé par le conseil de guerre qui jugera le maréchal.

de camp, linge, chaussures et médicaments, afin de hâter la concentration de son armée sur le plateau de Bazerieulle — près Metz.

En établissant son quartier général à Plappeville, Bazaine envoya la dépêche suivante au maréchal de Mac-Mahon par les soins de M. de Benoît, fils du député de la Meuse :

Après des détails sur les affaires du 14 et du 16 août, le maréchal termine sa dépêche par ces mots :

« ..... J'ai dû prendre position sous Metz pour donner un peu de *repos aux soldats* et *les ravitailler* en vivres et en munitions. L'ennemi grossit toujours autour de moi, et je *suivrai probablement* pour vous joindre la ligne du Nord. Je vous préviendrai *si ma marche peut être entreprise sans compromettre l'armée...*

» BAZAINE. »

Cette dépêche arriva à Chalons en même temps que MM. Rouher, Saint-Paul et Cassagnac, expédiés de Paris par la régente et le ministre de la guerre. — Mais Mac-Mahon, trouvant la marche en avant trop dangereuse, avait ordonné, *malgré ces messieurs*, la retraite de l'armée sur Reims.

Il était triste, abattu, quand, au moment de se mettre à table avec ses officiers, il reçut la dépêche citée plus haut. Dans sa chevaleresque confiance, le maréchal ajouta foi aux promesses éventuelles de Bazaine, qui, lui, ne se compromettait en aucune façon et suivait cette ligne indécise que l'opinion publique juge plus sévèrement que le conseil d'enquête.

A la lecture de la dépêche de Bazaine, la mobile physionomie du maréchal s'illumina de joie.

— Allons ! dit-il à ses officiers déjà émus, *ça va bien : nous allons repiquer en avant* ! Bazaine marche à notre rencontre ! Il était temps de recevoir ces nouvelles ; car, sans cela, nous nous retirions pour couvrir Paris, et *j'aurais été mis au ban de l'opinion*.. on m'aurait accusé d'abandonner Bazaine... n'est-ce pas ?

Tout en dînant, le maréchal contremanda les ordres donnés et il écrivit à Bazaine :

« Nous aussi nous marchons vers vous.
» De Mac-Mahon. »

Quel usage fit Bazaine de cette dépêche qu'il reçut le 23 août ?

—

..... Ce fut M. Flao, un agent de police de Thionville qui, traversant à pied et la nuit les lignes prussiennes, parvint le 23 août au grand quartier général de Plappeville et remit au maréchal Bazaine *lui-même* la dépêche de Mac-Mahon. Le commandant supérieur de l'armée du Rhin ne communiqua cette dépêche *à personne* ; il congédia l'émissaire après avoir acquis la certitude que la route de Briey n'était plus libre et que l'ennemi occupait la voie ferrée de Thionville à Metz. Néanmoins, dès le lendemain, il fit transmettre à tous les chefs de corps des ordres « pour un vigoureux effort à tenter dans la direction de Thionville. » Afin de laisser supposer à l'armée que le départ était définitif, chaque division reçoit l'ordre d'emmener les bagages, le personnel des intendances, les payeurs, etc.; mais le maréchal laisse ignorer à tous que, malgré le danger, Mac-Mahon s'avance au secours de l'armée du Rhin.

Bazaine, en gardant secrète cette importante nouvelle, comptait bien décider plus tard ses généraux à ne quitter les remparts de Metz que lorsqu'il serait fixé sur les opérations de l'armée de Chalons !

Afin de se justifier, le maréchal déplore l'état moral de son armée !

Les troupes avaient peut-être manifesté un peu haut leur mécontentement... mais rien n'était plus capable de relever leur moral que la dépêche de l'illustre vaincu de Wœrth... Après tant d'épreuves, tant d'espérances perdues, nos braves officiers et soldats s'énervaient au bivouac dans une nerveuse impatience ; et malgré ces tâtonnements d'un chef dont ils n'avaient pas encore appris à se plaindre tout haut, malgré les fatigues et les privations, ils étaient encore animés de trop d'ardeur : tous leurs officiers s'accordent pour le reconnaître ; et rien, sinon un dessein prémédité, ne peut expliquer l'absolu silence de Bazaine au sujet de son frère d'armes marchant à sa rencontre avec 130,000 hommes et 400 canons !

Le 26 août, dès l'aube, le mouvement en avant de l'armée du Rhin est énergiquement commencé ; nos troupes s'élancent sur les positions ennemies, qu'elles occupent... quand, vers midi, survient une pluie torrentielle, accompagnée d'un terrible ouragan.

Bazaine fait aussitôt sonner la retraite ! il convoque ses généraux au château de Grimont, et pour la *première* fois il émet timidement l'avis de se retirer dans les camps retranchés sous les canons de Metz.

En présence de l'émotion de ses officiers, il soumet cet avis à leur délibération et consent à le mettre aux voix. Son opinion est, d'ailleurs, repoussée par la majorité. Le conseil décide que *toute opération offensive sera ajournée pour ce jour-là*, l'ouragan et les pluies ayant défoncé les routes...

Sans insister sur le silence inconcevable de Bazaine à propos de l'armée de Châlons, examinons les motifs qu'il met en avant pour justifier sa détermination de se retrancher sous Metz

Dans son rapport sommaire, le maréchal les énumère en ces termes :

1° Il fallait donner à la France le temps d'organiser la résistance, en retenant devant Metz 200,000 ennemis;

2° Permettre à la place de terminer les forts et l'armement, — Metz *ne pouvant tenir plus de quinze jours.*

Il est malheureusement trop facile de répondre à ces allégations.

Maintenir 200,000 hommes autour de Metz, c'était faciliter aux Prussiens le moyen d'investir bientôt la place et toute l'armée. N'était-il pas plus naturel de les combattre en les entraînant à sa suite dans une retraite bien menée, afin de dégager momentanément Metz et d'essayer de faire sa jonction avec Mac-Mahon?

Quant aux forts inachevés ou aux approvisionnements insuffisants, il est prouvé, tout au contraire, que Metz était prêt à soutenir un siége. D'après le rapport des généraux Coffinières et Richebouet, en date du 26 août, — le corps de place et les avancées étaient déjà *en complet état de défense,* notamment le fort Saint-Julien, armé de 61 pièces de canons, dont 48 rayées et 30 en réserve...

Quant aux vivres, Metz était approvisionné pour cinq mois, à raison d'une garnison de 25,000 hommes en plus des habitants.

Ici se place une objection du maréchal, relative aux 30,000 réfugiés de la campagne environnante, qui n'avaient pas tous apporté les quantités de vivres prescrites par les arrêtés du gouverneur. Bazaine accuse à son tour les autorités civiles et militaires de Metz, afin de couvrir sa responsabilité... Mais le maréchal oublie le Code militaire, et notamment l'art. 244, qui établit nettement les devoirs du général commandant une armée dans l'arrondissement duquel une place de guerre se trouve comprise.

Le maréchal se plaint du *manque probable de vivres,* et il ajoute bénévolement 160,000 rationnaires de l'armée aux 60,000 habitants et à la garnison réglementaire de la place menacée d'un siége !

Et, malgré tout, Metz a tenu *soixante-douze jours*.

Il ne faut donc pas s'arrêter plus longtemps à ces objections. Du reste, Bazaine, instruit du déplorable effet produit sur l'armée par ses continuelles hésitations, décide pour le 31 août la reprise du mouvement interrompu le 26.

Vers quatre heures de l'après-midi, l'ennemi, très vigoureusement attaqué, est chassé de ses positions de Courcy, Mentoy, Noiseville et Servigny ; mais, à neuf heures du soir, un retour offensif des Prussiens nous contraint d'évacuer la position de Servigny, insuffisamment occupée.

Le 3ᵉ corps, commandé par le maréchal Lebœuf, qui fut héroïque, se maintient à Noiseville, malgré tous les efforts de la garde royale ; et ce n'est qu'au milieu de la nuit que Bazaine envoie l'ordre de faire replier précipitamment toutes les troupes.

Il réunit alors les chefs de corps, et, afin de calmer leur mécontentement, il annonce enfin qu'*il vient de recevoir* des nouvelles de Mac-Mahon... (1).

Il propose d'attendre l'arrivée de l'armée de Chalons dans les camps retranchés de Metz !

L'armée du Rhin connut donc la marche aventureuse de Mac-Mahon, précisément le jour même de la bataille de Sedan.

---

(1) En effet, un second émissaire de Mac-Mahon (qui avait envoyé la dépêche en cinq expéditions) parvint le 30 au quartier général de Bazaine. De là l'équivoque prétextée par le maréchal qui persista longtemps à nier l'arrivée du sergent de ville Flao... jusqu'au jour où ce dernier fut appelé à déposer devant la commission des capitulations.

A partir du 1ᵉʳ septembre, l'armée du Rhin est plongée dans une inaction démoralisante. Le 7, un parlementaire fait parvenir à Bazaine la nouvelle du désastre de Sedan, de la *mort de Mac-Mahon*, de l'avénement d'un gouvernement de défense nationale présidé par le général Trochu (le rival du maréchal).

Le lendemain, plusieurs prisonniers échangés avec l'ennemi confirment en partie ces événements, que Bazaine se hâte de porter à la connaissance de ses officiers.

— Nous ne tenterons désormais, leur dit-il, que des reconnaissances offensives sur le front de nos lignes. Il ne faut pas nous faire enlever comme l'armée de Châlons!! Nous sommes les derniers soldats de la France...

Dès ce jour, le maréchal accepte toutes les nouvelles, aussi douloureuses que mensongères, propagées par l'ennemi à nos avant-postes, et il les publie dans ses ordres du jour, — sans avoir égard à leur source!

Le maréchal, dès le 14 septembre, envoie le colonel Boyer au prince Frédéric-Charles et lui fait demander de *le tenir au courant* des faits qui se passent à l'intérieur de la France.

Et ces pourparlers se continuent, malgré tous les usages et tous les réglements militaires.

Nous citerons ici les articles 255 et 296, relatifs au service des places de guerre :

Le commandant d'une place de guerre doit rester sourd aux bruits répandus par la malveillance et aux nouvelles que l'ennemi lui ferait parvenir, résister à toutes les insinuations et ne pas souffrir que son courage ni celui de la garnison qu'il commande soient ébranlés par les événements. (Art. 256.)

Le commandant supérieur a le moins de communications possibles avec l'ennemi, il n'en tolère aucune.

Le commandant d'une place de guerre ne doit pas oublier que les lois militaires condamnent à la peine de mort, avec dégradation militaire, le commandant d'une place de guerre qui capitule sans avoir forcé l'ennemi à passer par les travaux lents et successifs d'un siège, et avant d'avoir repoussé au moins un assaut au corps de la place sur des brêches praticables.

On le voit, les griefs légitimes sont, hélas ! trop nombreux, et nous avons encore à examiner rapidement trois chefs d'accusation fort scabreux :

L'affaire de l'espion Régnier ;
Le départ du général Bourbaki,
Et la misssion du général Boyer... à Versailles !

L'ESPION RÉGNIER.

Le 23 septembre, un Français portant les insignes de la Société internationale et précédé d'un parlementaire prussien, se présente aux avant-postes. Le commandant Rivière, chef des éclaireurs de l'état-major particulier du maréchal, le reçoit et l'introduit auprès de Bazaine, comme un émissaire de l'Impératrice-Régente. Régnier était son nom : ce vieillard à barbe blanche n'était autre qu'un espion de Bismark.

Quelques jours après Sedan (1), ce Régnier vint en Angleterre et il parvint à obtenir un portrait du Prince impérial signé : *Eugénie*. Quelle fût vraie ou fausse, cette signature devait lui servir de signe de ralliement. Ce fut la seule pièce

---

(1) Il est essentiel de faire remarquer que M. de Bismark, à Ferrières, voulut également se servir d'un portrait du Prince impérial, apostillé par Eugénie, pour obliger le vice-président du Gouvernement de la défense à accepter les conditions d'armistice que, disait-il, d'autres pourraient bien agréer!!!

remise à Bazaine par l'ambassadeur très extraordinaire d'Eugénie. — Pourquoi Bazaine, qui avait auprès de lui tous les courtisans des Tuileries ne prit-il des informations sur Régnier que le 27, c'est-à-dire *quatre jours après s'être entièrement ouvert à lui, et après l'avoir agréé comme négociateur officiel auprès du prince Frédéric-Charles.*

La raison est facile à donner maintenant.

Régnier avait fait entrevoir à celui dont les Prussiens avaient deviné les secrètes ambitions, un projet de restauration bonapartiste, avec l'aide de cette armée conservée intacte! Dans le cas, *alors possible*, d'une régence acceptée par la France, Bazaine devenait la tête et l'épée de ce gouvernement restauré!

L'espion et le maréchal restèrent ensemble toute la journée. — Le lendemain, Régnier traversa le camp sous bonne escorte et vint rendre compte à Frédéric-Charles de sa mission.

Le 25, Régnier revient et soumet au maréchal les propositions de paix faites à l'Impératrice-Régente par la Prusse : elles se résument en deux clauses principales :

Cession de l'Alsace ;
Indemnité de guerre de deux milliards.

La Régente, — toujours d'après Régnier, — voulait conférer avec un maréchal (Canrobert ou Bourbaki), avant de signer le traité de paix, et avant de s'engager à soumettre ledit traité à l'approbation soit d'une Assemblée, *si l'on pouvait faire des élections*, soit à la ratification des anciens corps délibérants... Régnier ajoutait que la France était en pleine guerre civile, qu'il y avait un gouvernement différent dans chacune des grandes villes, et que le gouvernement du 4 septembre *était à peine reconnu à Paris*, etc...

Bazaine prit seul la responsabilité de pareilles négociations ; au lieu de convoquer tous les généraux chefs de corps, il consulte séparément Canrobert et Bourbaki.

Ni l'un ni l'autre ne connaît Régnier même de nom.

— Il se dit attaché à la maison de l'Impératrice, replique Bazaine, et *j'en ai les preuves*.. En tous cas, il s'agit d'une mission politique et d'une négociation relative aux intérêts de l'armée. La Régente a désigné le maréchal Canrobert ou le général qui commande la garde impériale. Quel est celui qui consent à remplir cette mission?

Ici on peut faire remarquer une coïncidence bizarre :

Bourbaki et Canrobert étaient précisément, avec le maréchal Lebœuf, les officiers généraux les plus directement opposés à la tactique de Bazaine. Ils avaient blâmé très haut sa retraite sous Metz, et ils demandaient, dans tous les conseils de guerre, à sortir de l'inaction désespérante où les condamnait le maréchal.

Ce fut le commandant de la garde impériale qui accepta la mission officielle.

Le jour même le général Bourbaki, avec un brassard d'ambulance, accompagné de Régnier et escorté par le commandant de Rivière, traversait nuitamment les avant-postes et partait pour l'Angleterre!

MISSION DE BOURBAKI.

Quand l'espion et le maréchal se furent quittés, ordre parvint aux avant-postes de Metz de ne laisser pénétrer désormais personne dans la ville...

Régnier vint à Versailles et fit son rapport *de visu* sur la situation de Metz.

Pendant ce temps, Bourbaki passait la Manche et arrivait chez l'ex-Régente. Là, il reconnaissait bientôt qu'il avait été dupe d'une ruse vulgaire Eugénie. n'avait aucun pouvoir pour négocier, et n'avait jamais demandé ni un maréchal, ni aucune entrevue... Bourbaki écrivit alors au prince Frédéric-Charles lettres sur lettres, sans jamais obtenir l'autorisation de rentrer à Metz pour y reprendre son commandement.

Le prince Frédéric-Charles se contenta d'annoncer à Bazaine que les négociations venaient d'être rompues avec l'Impératrice et que la question devait être résolue militairement.

A peu de jours de distance, une mystérieuse dépêche arriva à Tours conçue en ces termes :

« Se méfier de Bourbaki, — il peut faire comme Bazaine et restaurer Prince impérial...

» *Signé* : L'INSPECTEUR. »

Cette dépêche précéda de quelque temps l'arrivée du général Bourbaki à Tours. Indigné d'avoir été victime d'une odieuse intrigue, il demandait à combattre et mettait son épée au service de la France.

On sait de quel beau désespoir il fut atteint plus tard, quand, cerné de toutes parts et obligé de franchir la frontière suisse, il voulut attenter à ses jours.

Mais rentrons à Metz avec Bazaine.

Les approvisionnements de la ville diminuent, le mécontentement de l'armée est général. Bazaine — en attendant le retour de Bourbaki — fait étudier un projet d'opérations sur Thionville par les deux rives de la Moselle. Les chefs de corps lui font observer qu'une opération d'ensemble serait plus favorable à tenter qu'une marche vers le nord très dangereuse, puisque le cours de la Moselle séparait forcément l'armée en deux, et la proximité de la frontière pouvait obliger l'armée à déposer les armes en pays neutre...

L'affaire des Tapes est décidée pour le 7 octobre, et le 6ᵉ corps et la garde désignés pour cette opération.

Les voltigeurs de la garde et le 6ᵉ corps enlevèrent les positions ennemies, mais durent se replier devant l'averse de mitraille lancée sur eux par les batteries prussiennes. Le 3ᵉ corps s'était emparé de Cheuilles et de Vasey, le 4ᵉ corps avait opéré une diversion sur Saulny, mais on n'avait trouvé d'approvisionnements nulle part.

Le lendemain, Bazaine réunit en conseil de guerre tous les chefs de corps.

Le maréchal développa la situation de l'armée indiquée dans sa dépêche et répéta à ses officiers qu'il avait fait de vains efforts pour se mettre en relation avec l'intérieur de la France et avec le gouvernement de la Défense nationale, dont il n'avait reçu aucune communication.

On a reproché au maréchal, je crois, de n'avoir employé que des émissaires qui ne parvinrent pas à franchir les lignes ennemies ou au moins qui ne revinrent pas, et de n'avoir pas usé des ballons qu'il avait fait organiser pour les correspondances particulières.

Le maréchal répond à cela qu'il ne pouvait risquer de faire connaître la situation de son armée par des dépêches confiées à des ballons non montés qui avaient grande chance de tomber au pouvoir de l'ennemi ? C'est ce qui est arrivé en effet à la plupart de ceux qui ont été lancés...

MISSION DU COLONEL BOYER

Sur la demande du maréchal, la majorité du conseil (1) acquiesça à l'envoi du colonel Boyer,

---

(1) Ce vote dont Bazaine se couvre maintenant engage la responsabilité de tous les chefs de corps. Voilà pourquoi le conseil des capitulations est si.... embarrassé.

au quartier-général allemand, pour traiter d'une convention militaire. C'était d'ailleurs un moyen que l'on croyait certain pour obtenir des nouvelles de l'intérieur de la France sur lequel on était très imparfaitement renseigné par les journaux allemands que les compagnies de partisans saisissaient parfois en attaquant de nuit les avant-postes ennemis.

Pourquoi, dans cette séance, n'a-t-on pas demandé que le colonel Boyer fût envoyé au gouvernement de Tours? Cette question a été posée; mais Bazaine a répondu que l'ennemi n'y consentirait pas!!!

Le maréchal était en rapports continuels avec le prince Frédéric-Charles depuis le 14 septembre.

Le colonel Boyer fut donc autorisé à se rendre à Versailles. Avant d'entamer une négociation qui pouvait traîner en longueur, plusieurs généraux — entre autres Canrobert, Lebœuf et Clinchant — furent d'avis que l'on tentât un suprême recours aux armes, avec tous les moyens réunis de l'armée; mais après avoir exprimé cet avis, qui ne fut pas accueilli par le conseil de guerre, le vote fut favorable à l'idée du maréchal.

Ici laissons la parole à un des officiers de l'armée de Metz.

« Pendant cette première partie de la mission du colonel Boyer, nous n'avons reçu de ses nouvelles que par le télégramme suivant de M. de Bismarck au prince Frédéric-Charles :

« Versailles, 14 octobre 1870, 4 h. soir.

« *Je prie respectueusement V. A. R. d'informer*
» *le maréchal Bazaine que le général* (1) *Boyer*
» *vient d'arriver ici et qu'il a eu son premier*
» *entretien avec moi.*

---

(1) Le colonel Boyer fut promu au grade de général peu de jours avant son départ pour Versailles.

Quoi qu'il en fût de cette négociation, on reçut l'ordre de se tenir prêt à une sortie. Mais, le 12, des pluies torrentielles et non interrompues commencèrent à tomber, et le nombre de nos malades s'accrut. A dater du 15, la sortie, bien qu'elle fût encore demandée par une partie de l'armée, présentait peu de chances de succès, je dois l'avouer, à ceux qui, comme moi, se rattachaient à cette pensée, et désiraient surtout sauvegarder l'honneur du drapeau par un effort peut-être désespéré.

RETOUR DU GÉNÉRAL BOYER

« Le général Boyer revint le 17. Nous fûmes réunis le jour même ou le 18 au matin, pour entendre son exposé. Le général nous dit qu'il avait été tenu en charte privée, qu'il n'avait eu que des relations très rares et très courtes avec ses compatriotes, et qu'il ne pouvait guère nous exposer la situation de la France que telle qu'on la lui avait dépeinte à Versailles. Le drapeau rouge était déployé dans le Midi. L'autorité du gouvernement de la Défense nationale était méconnue et l'anarchie régnait en France ; l'on ajouta même que le désordre était si grand que la ville de Rouen et, je crois aussi la ville du Havre, réclamaient l'occupation étrangère. Enfin le pays demandait la convocation d'une Assemblée, le gouvernement s'y refusait.

Je dois dire que cette dernière circonstance, qui nous était déjà en partie connue, réagit puissamment sur les déterminations du conseil.

Le général Boyer ajoutait que, dans ces conditions, le gouvernement prussien ne voulait traiter qu'avec le gouvernement de l'Impératrice-Régente. Les préliminaires de paix, si l'impératrice consentait à les signer, seraient soumis à l'approbation d'une Assemblée ou du Sénat et du Corps législatif, si la réunion d'une Assemblée était impossible dans l'état où se trouvait le pays. La majorité du conseil vota que le général Boyer serait renvoyé à Versailles et de là se rendrait près de l'Impératrice.

A ce moment, l'armée, épuisée rapidement par les maladies et réduite à un petit nombre de chevaux, ne présentait plus ces conditions d'ensemble, de confiance et de solidité qu'elle réunissait encore dans les premiers jours du mois. Une tentative de sortie n'était plus considérée que comme un acte désespéré, même par des officiers connus par leur résolution, et qui, dix jours plus tôt, l'auraient exécuté avec espérance et peut-être quelques chances de succès.

Dans le même conseil, l'on décida que le commandant en chef n'interviendrait pas dans la négociation. Cette condition, à laquelle les membres du conseil tenaient essentiellement, peut paraître impliquer contradiction avec la précédente. Cependant cela peut s'expliquer sans doute par cette circonstance que les négociations devaient avoir lieu directement entre l'Impératrice-Régente et le gouvernement prussien, et que le général Boyer n'était chargé, je crois, que de porter en Angleterre les propositions de Versailles.

L'on sait que l'impératrice refusa de souscrire aux conditions du gouvernement prussien et que le général Boyer ne revint pas à Metz.

CAPITULATION

Le 25 octobre au matin le maréchal convoqua les commandants de corps d'armée et leur fit savoir qu'il avait été prévenu par une communication du prince Frédéric-Charles que les négociations étaient encore rompues.

Les vivres commençaient à manquer ; les chevaux de la cavalerie et ceux de l'artillerie disparaissaient, le nombre des malades augmentait rapidement.

Il n'y avait donc plus à compter sur les résultats d'une tentative par les armes. Le maréchal Bazaine, après avoir pris l'avis du conseil, délégua le général Changarnier pour entrer en pourparlers avec le prince Frédéric-Charles, puis le général de Cissey (1).

Cette double mission fut infructueuse et l'on dut se résigner à la douloureuse extrémité d'une capitulation.

Tels furent les résultats des négociations du maréchal Bazaine ! Et l'opinion publique a le droit de juger très sévèrement sa conduite tortueuse. Au lieu de se borner à suivre le rôle militaire qui lui était tracé, il en *a dévié* — selon l'expression *officielle*, entraîné par des considérations politiques, et les termes de la capitulation de Metz indiquent suffisamment que, non content d'être battu, le maréchal s'est laissé jouer par l'ennemi ;—non content de livrer la première place de guerre de France, et 150,000 soldats, il a remis à l'ennemi les drapeaux, les armes, d'immenses munitions et plus de mille pièces d'artillerie intactes *qui n'ont pas été rendues à la paix* !!!

En résumé, le maréchal n'a pas cru à l'armée de Châlons qu'il savait formée de médiocres éléments ; il n'a pas cru au gouvernement de la Défense nationale, il n'a pas voulu croire aux armées de la Loire, mais il a cru sur parole un un espion et un prince de Prusse.

Dès le 13 septembre, Bazaine a voulu traiter de la paix ; il pensait alors que son intérêt personnel pouvait se séparer des intérêts de son pays, et présumait que la Prusse imposerait une restauration impériale à la France vaincue.

Maudit par ses soldats, accusé par l'opinion

---

(1) Actuellement ministre de la guerre

publique, le maréchal va être jugé par ses frères d'armes.

Il sera absous.

Pourquoi ?

Parce qu'il a une excuse valable pour ses juges d'épée.

Cette excuse, la voici :

Bazaine est le général le plus capable des incapables de l'empire. Il a quarante ans de services militaires, où sa valeur et son mérite relatifs sont suffisamment établis. C'est un Mac-Mahon ambitieux, un Vinoy malheureux, un de Wimpfen patient, un Ulrich, un Lebœuf, un de Failly, un Frossard, un Fleury... une réputation surfaite, enfin ! C'est un homme bien digne de sa génération façonnée à l'orgueil et à la vanité. Ses actes, s'ils n'ont probablement pas été dictés par la félonie, la forfaiture ou la vénalité, ont été surpris à sa faiblesse, à son ambition et à sa négligente indolence. Sa responsabilité reste la même ; mais l'erreur et l'impéritie ne constituent que des *fautes*, et il est accusé de haute trahison.

Déjà, l'opinion publique, devant cette solennelle agonie d'un homme luttant contre les flots qui menacent de l'engloutir, reste incertaine. Elle pressent l'embarras de ces juges qui, à la place du maréchal en cause, eussent été peut-être aussi mal inspirés que lui-même !

En somme, Bazaine est devenu le bouc émissaire de l'empire, plutôt par les espérances qu'il a déçues que par les crimes commis ; et, dans notre beau pays de France, on ne fusille pas ceux qui sont reconnus coupables de haute ambition ou de basse incapacité.

On aurait trop à faire !

L'ARMÉE DE CHALONS

Terminons ce recueil de documents militaires par une rapide étude de l'armée de Chalons.

Après le glorieux échec de Reichschoffen, le maréchal de Mac-Mahon reçut l'ordre d'abandonner la ligne des Vosges et de se replier de Saverne au camp de Chalons, où il arriva le 13 août.

Voici les éléments qui formèrent bientôt les quatre corps de l'armée de Chalons, dont l'effectif s'éleva à 130,000 hommes et quatre cents canons.

1er CORPS

Général Ducrot, commandant en chef; colonel Robert, chef d'état-major.

Ce corps, formé des débris ramenés de Woerth, était en complète désorganisation. La division Abel Douai avait été absolument détruite à Wissembourg. Les trois autres divisions avaient eu leur effectif tellement réduit à Reichschoffen qu'il leur était facile de reconnaître leur faiblesse et leur démoralisation. En appelant au commandement du 1er corps un des généraux les plus énergiques et les plus aimés de l'armée, le maréchal espérait remonter le moral et le courage de ses malheureux soldats.

5e CORPS

Général de Failly, commandant en chef; général Besson, chef d'état-major.

Après des marches et des contre-marches sans nombre, le 5ᵉ corps ayant abandonné à Bitche presque tous ses bagages, ses vivres et ses approvisionnements, avait rallié le camp de Chalons dans une véritable déroute, la plupart des soldats revenant individuellement, les uns pillant les convois, d'autres *mendiant* le long des routes ! Néanmoins, sur les instances de celui qui fut Napoléon III, le commandement du 5ᵉ corps fut laissé à de Failly.

7ᵉ CORPS

Général DOUAY, commandant en chef; général Rouson, chef d'état-major.

Le 7ᵉ corps, sauf une de ses divisions, était à peu près intact.

12ᵉ CORPS

Général LEBRUN, commandant en chef ; général Grilay, chef d'état-major.

De formation récente, le 12ᵉ corps se composait d'environ 38,000 hommes, dont une division d'infanterie de marine très remarquable par sa tenue et sa discipline. Les autres divisions étaient formées des régiments de marche organisés avec les quatrièmes bataillons. Ces vieilles troupes ne donnaient pas aux nouveaux soldats la confiance qui appelle la victoire. La plupart des réserves ignoraient le maniement du chassepot ; le 12ᵉ corps n'avait pas complété son artillerie.

Tel était l'élément militaire mis la disposition du maréchal Mac-Mahon dont le prestige avait résisté aux désastreuses journées de Wissembourg et de Woerth.

**

Mac-Mahon sentait bien qu'avec des troupes

sans cohésion, sans confiance, il était insensé d'entreprendre une marche en avant — qualifiée plus tard d'aventureuse. — Il résistait donc à la Régente en détresse, aux courtisans dépêchés de Paris et au ministre de la guerre qui se croyait meilleur juge de la situation *à distance* et voulait diriger les opérations *au jugé*!!!

Quant à Napoléon III, sur le terrain de la lutte, il s'était volontairement transformé en une nullité encombrante et ne devait reparaître sur la scène... que le drapeau blanc en main !

Deux combinaisons s'offraient au maréchal.

1° Occuper les positions stratégiques d'Epernay et défendre la vallée de la Marne déjà menacée par l'armée du Prince royal.

Cette tactique avait pour avantage de faciliter ce qu'on appelle le *tassement* de l'armée française, en empêchant l'ennemi de poursuivre sa marche sur Paris. Appuyée sur les places fortes de Laon et de Soissons, Mac-Mahon avait, en cas d'échec, une retraite assurée et, de toutes façons, l'investissement de Paris était retardé...

Telles étaient les considérations qui l'engagèrent à ordonner, *malgré tout*, la retraite sur Reims. On a vu, dans notre étude sur Bazaine, le motif qui a déterminé brusquement le maréchal Mac-Mahon à suivre le plan contraire, c'est-à-dire à exécuter avec une armée aussi *peu solide*, une marche sur Verdun, afin de prendre de flanc l'armée du Prince royal et de se rapprocher de Bazaine.

Dès le 17 août, le départ du camp de Châlons s'était effectué. Deux officiers, MM. de Marescalchi et de Waru étaient partis afin de préparer les logements du maréchal et de l'état-major. Ils avaient rencontré à Reims MM. Lepic et Tascher de la Pagerie, qui préparaient le quartier impérial... Sur l'avis de M. Sébastiani, sous-préfet de Reims, le quartier général et impérial fut installé à Courcelles, à 4 kilomètres de la ville, et vers cinq heures, le 19 août, les deux états-majors firent leur apparition dans le village.

Maréchal MAC-MAHON,
Général Faure (chef d'état-major),
Colonel marquis d'Abzac, 1ᵉʳ aide de camp,
Colonel Broy, 2ᵉ —
Commandant de Vaulgmiant, of. d'ordonnance,
Vicomte Bernard d'Harcourt, —
Prince Achille Murat, —
A de Marescalchi, —
Colonel Stoffel, lieutenant de Waru, attachés au bureau des renseignements,
2 docteurs.

ÉTAT-MAJOR GÉNÉRAL

Général Faure,
Colonel Tixier,
Commandant Riff,
Capitaines Gissler, Ulrick, de Grouchy, comte Lamy, Fabvrier, de Villeroy, commandant Leroy, commandant de Bastard.

Il y eut à Courcelles un grand conseil de guerre chez l'Empereur, et, malgré l'insistance des émissaires venus spécialement de Paris, le maréchal ordonna la retraite de l'armée par les routes de Laon, Soissons, Epernay et Château-Thierry, afin de couvrir Paris.

Les ordres sont envoyés aux chefs de corps, et MM. Rouher et Saint-Paul (1) rédigent une proclamation aux Parisiens, afin de préparer la population au retour de l'Empereur et à la retraite de l'armée. Le général Trochu et les mobiles avaient déjà pris les devants et devaient précéder de très peu, à Paris, la rentrée du souverain.....

C'est alors que la dépêche (2) de Bazaine venant

---

(1) Voir le *Casque prussien* où nous avons publié les dépêches échangées entre la Régence et le quartier général.

(2) Dépêche citée page 211 de ce volume.

modifier tous les plans, le contre-ordre fut donné aux chefs de corps.

Le 22 août, l'armée se mit donc en marche par un temps pluvieux, et le quartier général fut porté à Betiniville, sur la route de Vouziers. Là, de grands obstacles se présentèrent, et l'intendance reconnut l'impossibilité absolue de ravitailler la troupe dans un pays déjà dévasté.

Le maréchal se décide alors à appuyer à gauche sa marche, afin de ne pas s'éloigner du chemin de fer des Ardennes et de le longer jusqu'à Montmédy, Longuyon et Longwy, où quatre millions de munitions et de vivres étaient accumulés par les soins de l'intendant général Wolff. Cette route était la plus longue ; mais il fallait rester en communication avec la ligne du Nord par Mézières et Sedan.

Cette décision fut fort critiquée par les généraux et par l'armée.

Le 23, le quartier général est porté à Rethel ; le 25, à Tousteron ; le 26, au Chesne où l'on apprend que l'ennemi occupait Buzancy ; le 27, à Storme ; et c'est le 29, à Raucourt, que l'ordre est donné aux généraux Douai et de Failly de marcher sur Beaumont.

On sait que le 5ᵉ corps, surpris à Beaumont, fut fort maltraité, et que, le 30, le combat malheureux de Mouzon obligea le maréchal de Mac-Mahon à se retirer vers Sedan par Donzy, afin d'y recevoir les munitions et les vivres expédiés par Mézières.

Le 31 a lieu le combat de Carignan, et l'on reconnaît trop tard la rapidité extraordinaire avec laquelle le Prince royal de Prusse s'est porté sur le flanc de l'armée pour livrer la bataille de Sedan.

A cinq heures du matin, le 1ᵉʳ septembre, Mac-Mahon monte à cheval, suivi de tout son état-major.

Le maréchal sort de Sedan et se dirige, par la

route de Bazeilles, vers le village de Balan. Au bruit de la fusillade, il se porte à gauche, en suivant le chemin creux qui aboutit aux jardins de la Mousel.

L'infanterie de marine du 12ᵉ corps (général Lebrun) était fortement établie sur la route et dirigeait ses feux sur les jardins déjà occupés par l'ennemi.

Le maréchal, entraîné par son impétueux courage et surpris de trouver l'armée allemande si rapprochée, franchit le talus et arrive aux premiers rangs des tirailleurs... Il est accueilli par des houras ; mais une grêle de projectiles répond aux clameurs de nos marins.

— Ce n'est rien ! s'écrie Mac-Mahon, ça va bien ! Ducrot va arriver et nous allons les jeter dans la Meuse. (Textuel.)

A ce moment même, le maréchal est atteint d'un éclat d'obus au côté ; il porte la main à sa blessure :

— Ce n'est qu'une contusion légère, dit-il à ses officiers.

Une autre décharge vient bientôt atteindre son cheval au genou. Le colonel d'Abzac, voyant le maréchal pâlir, met pied à terre et insiste pour qu'il descende de son cheval grièvement blessé.

Le maréchal, soutenu par le colonel, suit à pied la route de Sedan et donne l'ordre verbal au général Faure de prévenir le général Ducrot d'avoir à prendre le commandement en chef. Cet ordre est immédiatement transmis.

Suivi de MM. Stoffel, d'Harcourt, de Marescalchi, dont les chevaux sont mis également hors de combat, Mac-Mahon est conduit dans une maison où il reçoit un premier pansement.

Le glorieux blessé est ensuite amené à Sedan, dans une voiture d'ambulance, et il arrive à la mairie au moment où celui qui fut Napoléon III montait à cheval... Les docteurs Conneau, Corvisard et Legouet sont adjoints au médecin particulier du maréchal.

Les événements se précipitent; à peine Ducrot a-t-il donné l'ordre de retraite sur Illy, que le général de Wimpfen vient réclamer le commandement en chef. L'armée était déjà prise entre les feux croisés des batteries ennemies. Un désordre invraisemblable règne bientôt dans les rangs. Les soldats jettent leurs armes, leurs sacs ; des compagnies entières refusent le combat ; d'autres, décimés par la mitraille, restent immobiles ou sourds à la voix de leurs chefs, la plupart s'enfuient vers Sedan où le désordre était encore plus général. La ville était encombrée de canons, de caissons, les chevaux affolés par les projectiles écrasaient les blessés et s'échappaient jusque dans les boutiques... des incendies partiels augmentaient encore l'effroi général. On forçait les portes des maisons afin de se mettre à l'abri, et les officiers, impuissants à maintenir leurs troupes, arrachaient leurs épaulettes ou leur croix et brisaient leurs épées.

Vers trois heures, tandis que le fils de la reine Hortense faisait arborer le drapeau blanc sur la forteresse, le général de Wimpfen veut tenter un dernier effort et il envoie à l'Empereur, par M. de la Novelle, ce billet au crayon :

« Sire, nous allons tenter un effort désespéré
« pour vous frayer un chemin sur la route de
« Carignan. Si Votre Majesté veut venir se met-
« tre à la tête des troupes, *elles seront fières de*
« *vous faire jour*.

« DE WIMPFEN. »

L'officier d'état-major ne put pas arriver au quartier impérial, l'encombrement des routes et des rues était trop grand. Il y avait une véritable barricade humaine en avant de Sedan, formée de soldats, de chevaux tués, de caissons entremêlés. Du reste, le drapeau blanc flottait sur les murs.

De Wimpfen n'étant pas soutenu, rentra plus tard dans la ville et dut se résigner au rôle de négociateur.

L'attitude de l'Empereur a été contestée par beaucoup d'écrivains. Il faut pourtant reconnaître que, sans s'être réellement jeté en avant pour mourir l'épée à la main, le mari de la Régente est resté quelques heures exposé au feu terrible des batteries ennemies. De neuf heures à midi l'état-major a été vu sur la route de Bazeilles, et l'averse de mitraille lancée des jardins de la Mousel ne ménagea pas les aides de camp du triste sire.

Le capitaine d'Hendecourt fut tué.

Les généraux de la Moskowa, de Courson et M. Raimbeaux, contusionnés, eurent leurs chevaux mis hors de combat...

On *obligea même* l'Empereur à rentrer à Sedan et il se décida à faire arborer le drapeau parlementaire sur la citadelle en voyant les généraux Guyot de Lesparre et Girard tomber mortellement frappés sur le cours Napoléon...

Cette journée de Sedan, dont tous les incidents ont été publiés par le général Ducrot dans son très remarquable ouvrage, a causé l'admiration de nos ennemis eux-mêmes. Les deux relations suivantes en sont la preuve ; elles nous dispensent d'entrer dans des détails trop connus maintenant.

LE PRINCE ROYAL A DONCHÉRY.

Le 2 septembre, le vicomte d'Harcourt vint demander au comte de Bismark l'autorisation, pour le maréchal Mac-Mahon et son état-major, de rester à Sedan, prisonniers sur parole.

M. de Bismark accueillit *très froidement* M. d'Harcourt et le renvoya auprès du major-général de Moltke.

Celui-ci fut encore plus glacial, car il ne reçut même pas M. d'Harcourt, et se contenta de répondre à l'officier prussien qui l'informait de l'objet de la démarche :

— Ils n'ont qu'à signer la capitulation !...

Cependant, le colonel d'Abzac obtint de l'autorité prussienne un laissez-passer pour lui et M. de Waru afin de se rendre à cheval au quartier général du Prince royal.

Malgré l'encombrement qui régnait à Sedan et aux environs, les deux officiers durent faire viser leur permis par le général Von der Tann.

Von der Tann et son état-major assistaient *au triste défilé de l'armée française prisonnière* et se rendant au camp de Glaire.

Le général bavarois fit beaucoup de difficultés, déclara qu'il était sans instructions spéciales et que défense avait été donnée, *à qui que ce soit*, de franchir les avant-postes. Néanmoins, sur leur responsabilité personnelle il laissa les deux officiers, en grande tenue, s'engager sur la route de Donchéry.

A un kilomètre de la ville ils rencontrèrent le Prince royal, suivi de quelques aides-de-camp.

Le Prince de Prusse, dépourvu de cette raideur proverbiale qui fait, de la plupart des Prussiens, des hommes d'un contact peu agréable, est fort beau cavalier, il a grand air, et son accent *anglais* est plein d'originalité. Les traits rentrognés de ses officiers faisaient contraste avec la physionomie si ouverte de leur chef qui marchait très en avant d'eux, au pas d'un double poney assez laid.

Le Prince reconnut le colonel d'Abzac et lui tendant la main :

— Bonjour, mon cher d'Abzac, lui dit-il, je

suis heureux de vous voir sain et sauf ! Je regrette que cela soit dans un moment aussi pénible pour vous... Comment va le maréchal ?

— Monseigneur, le maréchal est aussi bien que possible et je viens, en son nom, solliciter de Votre Altesse l'autorisation pour lui et son état-major de rester à Sedan prisonniers sur parole, jusqu'à nouvel ordre de ses médecins.

Le Prince répondit « qu'il allait lui-même voir le maréchal et lui accorder tout ce qu'il demandait. »

M. d'Abzac lui fit alors connaître la difficulté réelle de pénétrer dans Sedan. A cette observation le fils du roi de Prusse répliqua :

— Eh bien alors, dites au maréchal, je vous en prie, combien je prends part à son état. Nous lui accorderons tout ce qu'il pourra désirer... C'est pour moi un honneur très grand de l'avoir combattu deux fois...

La conversation continua sur les phases de la bataille et le Prince demanda l'heure à laquelle Mac-Mahon avait été atteint.

Ensuite M. de Waru lui fut présenté ; à la vue de cet officier en uniforme de hussard :

— Hier, votre cavalerie a été héroïque, lui dit le Prince, toute l'armée prussienne a admiré les chasseurs d'Afrique, les hussards... le roi s'est écrié en les voyant charger : *Oh ! les braves gens...* Malheureusement — pour vous — ils ne pouvaient rien contre notre puissante artillerie... Qui commandaient ces BRAVES ?

— Monseigneur, c'étaient les généraux Marguerite, Tillard et de Gallifet.

— Cela ne me surprend pas, répondit le Prince, avec d'aussi vaillants chefs... Mais que pouvaient-ils contre nos batteries ?... A Wœrth — que vous appelez Frœcheviller, je crois — nous vous avions trop montré notre infanterie et vos *terribles chassepots* nous avaient cruellement décimés... Nous avions profité de la leçon, ajouta-t-il en souriant... car nous savons profiter des leçons, nous.

Ce disant, le Prince mit son cheval au pas, et quand il fut plus rapproché du colonel d'Abzac, il lui demanda des nouvelles de sa famille.

— Laissons là l'Altesse royale, mon cher d'Abzac, fit-il familièrement, causons en amis... Quelle affreuse chose que la guerre entre deux peuples civilisés !

A ce moment, le général Von der Tann, qui avait été informé de l'arrivée du Prince, vint interrompre l'entretien.

Tandis que les officiers français s'éloignaient après avoir pris congé du prince, celui-ci partit au petit galop et se dirigea vers un campement bavarois où il fut reçu par des acclamations d'enthousiasme.

Le général Von der Tann rejoignit les deux Français sur la route et s'informa des nouvelles du maréchal. Il avait probablement reçu l'ordre d'être plus courtois, car il s'empressa de dire au colonel :

— Je tiens particulièrement à obliger votre illustre chef, j'ai fait autrefois la campagne d'Afrique sous ses ordres, lorsque le futur duc de Magenta commandait la légion étrangère !...

⁎
⁎

Suivons les deux officiers qui, pour rentrer à Sedan, prirent la route de Bazeilles.

Ils avaient rencontré MM. de Sagan et de Ludigham (Saxon attaché aux ambulances), et en compagnie de ces messieurs ils traversèrent le village en ruines. Pas une maison n'avait été épargnée par la torche incendiaire; les habitants qui avaient voulu s'opposer au *pétrolage* de leurs demeures avaient été fusillés et leurs cadavres étaient étendus sur le seuil...

Quelques-uns, placés devant leurs portes, gisaient à terre ; *on leur avait planté des fleurs dans le nez, dans les oreilles, et des reines-marguerite dans la bouche !*

L'armée bavaroise, exaspérée de la résistance de l'infanterie de marine, dans les journées du 31 août et du 1ᵉʳ septembre, avait massacré tous les habitants et passé au pétrole toutes les maisons, sous prétexte que les pauvres Bazeillais avient tiré sur leurs troupes.

Le duc de Fitzjames, qui avait visité le même jour cet amas de ruines fumantes de Bazeilles, écrivit au *Times* une lettre indignée, que n'ont pu démentir les écrivains allemands.

Ce sont les Bavarois de Von der Tann qui devaient plus tard incendier Saint-Cloud, Rueil et tous les environs de Paris !

* *

Il nous reste à dire un mot des PERCEURS de l'armée de Chalons.

On a fait grand bruit autour de ces braves officiers et soldats qui étaient parvenus — disaient-ils — à percer les lignes ennemies et à gagner la route encore libre de Mézières — plutôt que de signer la capitulation de Sedan.

A ce jour, il est permis d'affirmer que les *perceurs* en question n'ont rien eu d'héroïque à accomplir. Il leur a suffi de tromper la surveillance de quelques douaniers échelonnés sur la frontière belge, et encore, pour *percer* cette ligne, ils ont dû quitter le champ de bataille avant que la lutte fût sérieusement engagée. Ainsi, un gros détachement du 3ᵉ Zouaves, n'ayant pas reçu l'ordre de discontinuer le mouvement de retraite prescrit par Ducrot, poursuivit sa marche vers le Nord et par les bois il arriva à Rocroy.

On peut dire, à la décharge des escadrons qui ont gagné Mézières, qu'ayant cherché à se mettre à l'abri de la canonnade ennemie dans les bois qui s'étendent au nord de Sedan, ils ont passé — à leur insu peut-être — sur la frontière de Belgique et qu'alors ils ont échappé au mouvement tournant de l'armée allemande,— ce mouvement s'étant effectué entre eux et l'armée française. Coupés du champ de bataille, ils se virent contraints de longer les bois du côté d'Illy, pour continuer leur retraite. Néanmoins, les officiers qui les commandaient auraient difficilement expliqué leur tactique si Mac-Mahon avait gagné la bataille... On les eût accusés d'avoir abandonné les positions qui leur avaient été assignées ...

Il n'y a eu qu'une seule tentative de trouée, c'est l'admirable charge, sur la route de Floing, de deux escadrons du 1er cuirassiers (commandant d'Alincourt) et les trois charges successives des chasseurs d'Afrique, commandés par les généraux Marguerite, Tillard et de Gallifet...

Décimés par la mitraille, presque tous ces héros furent tués ; l'ambulance de Givonne recueillit les blessés, et il fut reconnu qu'après cette tentative désespérée l'impossibilité de percer les lignes ennemies était démontrée.

L'heure des capitulations allait sonner !!

FIN

TABLE DES MATIÈRES

TABLE DES MATIÈRES

Avant-propos. 1
Chapitre premier. 7
    Septembre. — Après Chatillon. La presqu'île de Gennevilliers. Le général Ducrot. Le commandant Franchetti.
Chapitre II. 21
    Octobre. — Strasbourg. La Malmaison. Les corps francs. Metz. Première tentative de Commune.
Chapitre III. 45
    Novembre. — Les élections. Refus d'armistice. Avron. Champigny. La Marne.
Chapitre IV. 64
    Décembre. — Bataille de Villiers. Mort de Franchetti. Les guides volontaires. Retraite. Le Bourget. Le froid. Le bombardement.
Chapitre V. 112
    La Maison Crochard.
Chapitre VI. 116
    Janvier. — Bombardement de Paris. Bataille de Buzenval. Ordre du jour. Convention qui met fin aux hostilités. Licenciement de l'escadron Franchetti. *Post-scriptum* : Lettre du général Ducrot.
Appendice. 181
    Pièces officielles. Ordres. Le dossier Bazaine. L'armée de Chalons. Le maréchal Mac-Mahon et le Prince Royal.

ERRATUM.

Page 8. — Général de Maussion, au lieu de *Mau-d'huit*.

Page 10. — Le capitaine de Neverlée, des cuirassiers — au lieu de *dragon*.

Page 11. — Au lieu de docteur Sarrazin *aide-major*, il faut lire médecin-major de 1re classe.

Page 14. — Deux chasseurs d'Afrique : Chady et Lambert — au lieu de *Shumaker*.

Même page. — Après : second peloton de soutien, au lieu de *comte de Labarthe*, il faut : Lacombe, Portet. — De Marsy et Fournier, au lieu de *Marsey et Tourmer*.

Page 66. — Il faut lire : Etat-major de la 2e armée.

Page 75. — Franchetti voyant les *tirailleurs* se replier — au lieu de voyant les *éclaireurs*.

Page 134. — 16 janvier au lieu de 17 *janvier*.

Page 139. — C'est M. Ferdinand Duval et non M. Raoul Duval.

5 juni 14

Du même Auteur.

Le Casque prussien (souvenirs anecdotiques de la guerre), 3ᵉ édition. — Lachaud, éditeur.

Le Carnaval rouge. 2ᵉ édition. — Dentu, éditeur.

EN PRÉPARATION

De Sarrebruck... à Buzenval.

Les Braconniers d'amour (mœurs de l'Empire).

Don Quichotte à Paris (un an au *Figaro*).

www.ingramcontent.com/pod-product-compliance
Lightning Source LLC
Chambersburg PA
CBHW070619170426
43200CB00010B/1840